법륜·스물하나

미래를 직시하며

불교의 사회적 역할에 관한 소고 네 편

비구 보디 지음 | 우광희 옮김

KB218618

고요한소리

Facing the Future

Four Essays on the Social
Relevance of Buddhism

Bhikkhu Bodhi

The Wheel Publication No.438/440
Buddhist Publication Society
Kandy, Sri Lanka

일러두기

* 이 책에 나오는 경經의 출전은 영국 빠알리성전협회PTS에서 간행한 로마자 본 빠알리 경임.
* 로마자 빠알리어와 영문 책 제목은 이탤릭체로 표기함.
* 각주는 원주原註이며, 역자주는 [역주]로 표기함.

차 례

21세기를 위한 불교의 사회 윤리 —————— 06

경제·사회 발전에 관한 불교적 접근 —————— 41

불교, 왜·어떻게 바뀌어야 하는가 —————— 69

기로에 선 승가 —————— 87

21세기를 위한 불교의 사회 윤리

　새로운 세기는 항상 활기 넘치고 기대로 희망차다. 새로운 세기가 새천년이 시작되는 때라면 기대는 더더욱 커진다. 여기에 새 것이 옛 것보다 마땅히 나을 거라고 믿는 타고난 낙관론이 더해져서 새해, 새 세기에는 어떤 기상천외한 꿈이라 해도 반드시 이루어질 거라고 확신한다. 하지만 삶이란 시계가 똑딱거리고, 달력이 넘어가는 것처럼 단순하지가 않다. 시간이 흐른다고 해서 수개월, 수년, 수십 년에 걸쳐서 분별없는 선택과 경솔한 행동으로 뒤얽힌 삶의 실타래가 저절로 풀리는 것은 아니다.

　과거의 경험을 돌이켜 보건대, 지난 사건을 주의 깊게 살펴서 다가올 미래의 위험을 예견해주는 드러나지 않은 경향을 찾아야 한다는 점은 늘 염두에 두어야 한다. 19세기에서 20세기로 넘어가는 전환기를 생각해 보면 이러한 지침이 얼마나 중요한지 알 수 있다. 19세기 말 서구사회는 낙관론이 맹렬히 판쳤고, '발전'이라는 미화된 이상에 대한 확고한 믿음을 기반으로 한 유토피아의 꿈이 활개를 쳤다. 과학과 기술은 이러한 '발전'에 대한 우상화를 이끈 쌍두마차였다. 과학은 새로운 프로메테우스였다. 자연의 숨겨진 비밀을 가로채 불타는 희망으로 가득 찬 인류에게 전해준 멈출 줄 모르는 프로메테우스. 십 년마다 지식이 획기적으로 발전했으며, 새로운 이론이 나올 때마다 그것을 활용해서 인간의 필요에 맞게 자연의 힘을 이용하는 데 성공했다. 결과적으로 기술이 급격히 발달했고, 기술의 발달은 줄곧 인류에게 제약이던 고질적인 문제들에서 벗어날 수 있다는 기대를 품도록 했다.

그 다음 세기는 그러한 낙관주의가 얼마나 근시안적인 것인가를 여실히 보여주었다. 깊은 통찰력을 가진 사람들은 오만한 정복자들의 발밑에 이미 파괴의 씨앗이 뿌려져 있다는 것을 불을 보듯 훤히 볼 수 있었다. 그 씨앗은 공장, 탄광, 작업장에서 치욕스러운 노역을 선고 받은 노동자의 삶의 모습에서 싹트고 있었고, 밖으로는 비서구 세계에 대한 무자비한 식민화와 자원의 약탈, 그 주민에 대한 정복에서 싹트고 있었다. 식민화에 대한 야심으로 똘똘 뭉친 제국주의자들이 세계를 놓고 패권을 다투는 중에 일어나는 마찰과 갈등에서도 그 씨앗은 싹트고 있었다. 결국 그 갈등은 20세기 초반에 수백만 명의 사상자를 낳은 두 차례의 세계대전을 불러왔다. 세계대전과 그 뒤를 이은 냉전은 서구 문명사회의 번지르르한 겉모습 이면에 숨어서 오래전부터 조금씩 본색을 드러내던 원천적인 암흑 세력을 세상 밖으로 불러냈다. 자연의 가장 신비로운 비밀인 '물질과 에너지의 상호 전환'을 밝혀낸 인간이, 스스로 완전한 자멸의 능력 또한 함께 얻었다는 것은 의미심장하다. 무한한 힘을 얻음과 동시에 완전한 파괴력을 손에 넣은 것이다.

21세기가 시작된 지금 세상은 피할 수 없는 모순에 직면해 있다. 엄청난 부가 있는가 하면 세계 인구의 4분의 1인 10억여 명이 일상적인 결핍에 시달리는 뼈저린 가난도 있다. 한편에는 의술과 의료 복지가 놀랍도록 발전한 반면, 다른 한편에서는 해마다 1100만 명이 간단히 치료할 수 있는 질병으로 죽어간다. 날마다 수백만 달러 어치의 무기가 거래되는가 하면 해마다 700만 명의 어린이가 기아로 죽고, 8억 명이 심각한 영양 부족에 시달린다. 가장 놀라운 것은 유한한 자원이 급격히 고갈되어가는 행성에서 무한한 경제 성장을 추구하고 있다는 점이다. 미래를 향해 거침없는 발걸음을 내딛고 있는 동안에도 우리의 세상은 여전히 아픈 상처에 시달리고 있다. 인류가 이번 세기만이라도 생존하고자 한다면 이에 대한 해결책, 치료제를 찾는 일은 가장 절실하고도 긴급하지 않을 수 없다.

이 글에서 이 세상의 상처를 치료하기 위한 대응책으로 상좌부 불교의 견해를 제시하고자 한다. 세계의 종교를 다루는 잘 알려진 책자를 훑어보면, 상좌부 불교는 대체로 이욕離欲과 명상 수행을 통해 순전히 개인적 깨우침을 얻는 것을 이상으로 삼는 개인 구원의 종교로 설명되고 있다. 상좌부 불교의 궁극적인 목표가 어쩔 수 없이 개인적인 차원에 무게를 두고 있다고 해도 불교 경전이나 부처님의 가르침을 세밀히 살펴보면, 부처님은 사회적인 차원에서 사람들이 겪는 문제들을 뚜렷하게 인지하고 있었다는 것을 알 수 있다. 또한 해탈에 이르는 길을 밝혀주는 것과 더불어 사회적인 문제에 역점을 두고 자신의 가르침을 체계화했다는 것을 알 수 있다. 개인이 지켜야 하는 도덕, 명상, 철학적 통찰에 대한 글보다 물론 수가 훨씬 적긴 하지만, 경전에는 사회적 문제에 대한 가르침이 깨달은

자[覺者]의 명철한 사회적 통찰에 대한 증거로 남아 있다. 오늘날에도 이 가르침은 이 시대 특유의 문제를 해결할 수 있는 사회 윤리의 정립을 위한 실용적이면서도 명확한 기준을 제시하고 있다.

이러한 문제를 해결하기 위해 부처님의 가르침이 제시하는 첫 번째 원칙은 방법론적 원칙이다. 섣불리 결론을 내릴 것이 아니라 가장 깊은 뿌리에 다다를 때까지 모든 단계에서 근본적인 원인을 탐구해야 한다는 것이다. 오늘날 사회적인 문제를 다룰 때 보이는 경향은 이와는 사뭇 다르다. 특히 정치, 경제계의 방식이 그렇다. 뿌리 깊고 고질적인 인간의 딜레마를 다루면서 그때그때 적합한 '기술적' 해결책을 적용하기만 하면 된다는 식이다. 즉, 지구 온난화의 위험에 대처하기 위해서는 온실 가스 배출을 줄이는 협약을 체결해야 하고, 범죄와 폭력이 늘어나면 더 강력하고 엄한 경찰력이 필요하며, 젊은이들 사이에서 마약 중독이 놀라울 정도로 퍼지면 마약 밀매에 대한 더 효과적인 통제가 필요하다는 식이다. 이러한 방책들은 물론 문제가 악화되는 것을 빠르게 막을 수 있는 수단일지는 모른다. 하지만 단기적으로는 효과적이고 효율적이라 해도 장기적인 해결책이 될 수는 없다. 임시방편의 효과만 있는 외관상의 처방일 뿐 근본적인 원인을 제거하는 방책이 될 수는 없다.

오늘날 세상을 고통스럽게 하는 상처를 불교적 관점에서 보면, 우리 삶의 방식이 어딘가 근본적으로 잘못되어 있다고 경고하는 증상이라는 것을 알 수 있다. 표면의 상처는 내면 깊숙이 숨은 치명적인 상처가 밖으로 드러난 것이다. 내면의 상처는 생명력을 갉아먹고, 그 독은 하늘과 강과 바다와 숲 그리고 농촌, 가정, 가족 관계, 사회관계와 정책에 스며들어 있다. 그러므로 불교적 관점에서 우리 모두가 겪고 있는 상처의 고통을 치유하기 위해서는 집단의식, 태도, 생활 방식 등에 걸친 광범위한 변화를 가져올 수 있는 근본에 대한 대수술이 반드시 필요하다.

우리가 무엇이 '필요'하다고 할 때 요즘 즐겨 하는 말은 '가치'이다. 사회 환경이 전반적으로 악화된 이유가 전통적 가치가 무너졌기 때문이라는 말을 흔히 한다. 따라서 전통적 가치를 되살리기만 하면 지금의 문제들을 해결할 수 있을 것이라고 한다. 이런 말들은 전통적 가치의 붕괴로 초래된 도덕적 혼란에 불안해하는 사람들에게 전통적 가치에 대한 향수를 불러일으킬지도 모른다. 하지만 전통적 가치의 부활은 그 가치가 기반하고 있는 토대, 즉 사회적인 삶의 목적이나 목표, 또는 의미 등을 과감하게 바꿀 준비가 되어 있지 않다면 아무 쓸모가 없다. 타락하고 부패한 사회에서 개인의 가치관을 되살리는 것은 화학물 폐기장 옆에 장미꽃을 줄지어 가꾸는 것과 같다. 폐기물이 계속 쌓이는 한 꽃은 제대로 피지 못하고 보기 흉한 기형이 될 수밖에 없다.

우리에게는 개인 수준의 변혁이 아니라 그것을 넘어서는 것이 필요하다. 우리 존재의 안과 밖, 개인과 사회를 모두 포괄하는 것이어야만 한다. 삶의 이 두 차원은 따로 떼어 존재할 수 없으며, 서로가 서로의 조건이 된다. 우리의 가치관은 사회, 경제적인 현실을 반영하며, 사회, 경제적인 현실은 우리의 가치관에 의해 형성된다. 그러므로 직접적인 변화를 가져올 수 있는 가장 강력한 힘은 개개인의 삶 속에 있는 반면, 개인 삶의 방식에 일어난 모든 변화는 밖으로 퍼져나가 대인 관계, 사회 질서, 정치 성향, 자연과의 관계에 영향을 미칠 수밖에 없다. 개인의 가치관이 사회 혼란과 부패를 감추는 치장이 되지 않기 위해서는 철저한, 때로는 고통스러운 자기 성찰이 필요하다. 우리가 가장 중요하게 생각하는 것이 무엇인지를 진심을 다해 살펴볼 준비가 되어 있어야 하며, 세상에 만연한 독단과 이기주의에 부화뇌동하는 것은 우리 모두를 위험에 빠뜨린다는 것을 알아야 한다. 이와 같은 진정한 자기반성 없이는 전통의 가치를 되살리자고 아무리 외쳐도, 그것이 비록 불교의 가치라 해도 진부한 말에 지나지 않게 된다. 설령 개인적인 위안이 될 수 있다고 해도 실질적인 변화를 가져올 수는 없다.

불교적 관점에서 세계가 당면한 문제가 무엇인가를 판단하려면 하나의 문제에는 여러 수준의 인과 관계가 작용한다는 것을 먼저 고려해야 한다. 부처님의 뛰어난 통찰 가운데 하나는, 단일한 사건이라고 해도 단지 하나의 원인에 의해서 발생하는 것이 아니라 여러 단계의 다양한 조건들이 복합적으로 작용해서 발생한다고 본 것이다. 특정 분야의 전문가는 문제를 한정된 관점에서 바라보지만, 불교적 관점에서는 하나의 문제는 몇 단계를 거치면서 엇갈리고 중첩되는 변화를 여러 번 거치고, 이 변화들이 서로를 강화하는 인과 관계가 존재한다는 점을 감안해서 문제를 보다 포괄적으로 바라본다. 이렇게 보게 되면 문제에 대한 더 완벽한 해결책을 얻을 수 있다. 반면에 한정된 시각으로 문제를 파악하면 문제를 바라보는 바로 그 시각 안에 해결책을 이미 내놓고 볼 수밖에 없다. 포괄적인 관점으로 봐야만 문제 자체가 가지고 있는 다양한 차원을 파악하고, 그에 따라 해결책을 모색하기 위해 필요한 많은 요인을 알 수 있다.

또한 문제를 일으키는 여러 가지 원인들의 비중, 즉 문제에 미치는 상대적인 영향에도 주의를 기울여야 한다. 부처님은 우리 삶에 가장 중요하고도 커다란 영향을 주는 원인은 마음이라고 보았다. 마음은 형체가 없어 볼 수도 만질 수도 없지만 사회, 정치, 경제 등 모든 인과 관계 이면에 숨겨진 공통의 다차원적 매개 변인vector[1]이다. 마음은 외부의 영향이 미치지 못하는 진공 상태에서는 작동하지 않는다. 마음은 언제나 특정한 역사적, 개인적 상황과 깊이 연관되어 있으며, 관점을 형성하고 성향을 결정하는 데 폭넓고 다양하게 영향을 미친다. 한편 마음이 이런 작

---

1 [역주] 크기와 방향을 동시에 나타내는 물리량. 매개변수. 다차원적 변수.

용을 하는 동안 마음에 영향을 주는 모든 다른 요소들 또한 정신적 활동, 즉 마음이 표현된 것이라는 점에 주목해야만 한다. 마음에 영향을 주는 또 다른 원인, 즉 사회, 경제, 문화, 정치 역시 마음이 구체화된 것으로 간주할 수 있다. 다시 말하면 이 원인들은 특정한 태도, 견해, 심리적 기제 등의 마음이 밖으로 드러난 것, 표현된 것이다. 그래서 부처님은 "마음이 모든 것에 앞선다. 마음이 모든 것을 지배하며 모든 것을 만들어낸다."라고 《법구경》 첫머리에서 말하고 있다.(《법구경》 1~2 게송)

마음이 모든 단계의 인과 관계에 영향을 미친다는 사실을 알게 되면, 오늘날 세계를 괴롭히는 고통을 치유하기 위해서 가장 시급히 해야 할 일은 우리 마음속에 있는 고통을 치유하는 것임을 금방 알 수 있다. 지난 몇 세기 동안, 특히 서구에서 과학 혁명이 시작된 이래로 인간은 바깥 세계를 조정하고 지배력을 확장하는 데 집착해왔다. 하지만 바깥 세계를 지배하고 물질적인 욕구를 충족시키는 데에 열중한 나머지 인간 존재의 보다 더 중요한 측면인 마음을 소홀히 여겨 왔다.

따라서 과학 지식과 기술 분야에서 이뤄낸 성과들은

균형을 잃은 상태다. 지금까지 인간이 바깥 세계를 이해하는 데에는 크게 진전했지만 인간 자신에 대한 이해는 조금도 앞으로 나아가지 못했다. 자연의 숨겨진 힘을 인간 마음대로 휘두르면서도 인간 자신은 거의 통제하지 못하고 있다. 그 결과 과학과 기술의 성과와 그에 대한 자부심은 인류 전체에게는 매우 복합적인 영향을 미쳤다. 요컨대 한편으로 과학의 발전과 그로 인한 물질적 축복을 누렸지만 또 한편으로 수백만의 인류를 파멸과 궁핍, 쓰레기와 대학살, 가난과 고난으로 몰아넣었다.

인간의 기본 욕구를 충족시키는 데 필요한 것은 많지 않다. 원칙적으로 말하면 모든 사람은 쉽게 기본 욕구를 충족할 수 있다. 적당한 물질적인 안정, 깨끗한 공기와 맑은 물, 생존을 유지할 만한 음식, 편안한 주거, 보건, 교육과 정보, 자신의 재능을 개발할 수 있는 여가 시간 등이 있으면 충분하다. 그러나 현재의 체제를 보자. 극소수의 사람들은 고대 로마 황제를 능가하는 부와 사치를 누리는 반면, 세계 인구의 4분의 1인 10억여 명이 넘는 사람들은 빈곤으로 고통 받고 있다. 수억의 돈을 들여 먼 행성으로 우주선을 보내는 한편, 세계의 어린이들을 충분히 먹이지 못해 굶겨야 한다는 사실은 참으로 아이러니하다. 환경오염, 기후 변화, 인구 증가, 자원 고갈로 인류의 건강과 생명이 극한의 위험에 처해 있다는 것이 모든 지표로 증명되고 있다. 그럼에도 이러한 위기에 대한 책임이 가장 큰 국가들은 낭비와 사치스러운 생활 방식을 계속 고집한다는 사실이 놀랍지 않은가? 지구상의 모든 사람이 기본적인 의식주를 충족하지 못하는 것은 그럴 방법이 없어서가 아니라 그럴 의지가 없기 때문이다. 요컨대 근본 원인은 인간의 탐욕과 이기주의에 있다.

부처님의 가르침에 의하면 인간에게 고苦를 불러오는 마음의 어두운 세력은 번뇌이다. 이 가운데서 가장 강력한 세 가지 불선근은 탐貪·진瞋·치癡이다. 번뇌가 개개인의 삶에 미치는 영향에 초점을 맞추어 그것이 심리적, 실존적으로 고를 결정하는 요인으로 보는 것은 전통적인 해석이다. 하지만 오늘날 새로운 세계 질서가 형성되면서, 인간이 공통으로 겪고 있는 어려움의 원인이 무엇인가를 해석하기 위해서는 부처님의 가르침을 바라보는 관점의 전환이 필요하다. 즉, 조직과 기관이 인간의 환경과 미래에 다른 어느 시기보다도 큰 영향력을 미치게 된 만큼, 집단

차원에서는 번뇌가 어떻게 나타나는지 면밀히 연구할 필요가 있다. 경제·정치 구조가 끼치는 악영향을 상세히 밝혀야 하고, 국가와 세계의 사회 조직이 어떻게 탐·진·치로 우리의 마음을 지배하는지 알아내야 한다. 이 조직들은 마음의 번뇌를 대상화할 뿐만 아니라, 번뇌를 더욱 강화시키고 그로부터 벗어나기 힘들게 만든다. 번뇌는 겉으로는 잘 드러나지 않지만 강력한 책략, 즉 왜곡된 시각, 나쁜 태도, 위험한 정책 등 우리의 삶과 사회의 혼란을 야기할 수 있는 책략을 지속적으로 지원하고 키워나간다.

20세기 말 현재를 사는 인간의 삶과 사회의 파괴를 초래할 수 있는 잠재력을 가진 대표적인 세력이 바로 규제 없는 글로벌 자유 시장 경제 체제이다. 이 체제를 지배하고 있는 거대한 다국적 기업들은 이윤을 좇는 탐욕의 화신이다. 그럴싸한 선전과 홍보물에서 주장하는 내용과는 달리 그들의 실제 목표는 인간이 진정으로 필요로 하는 것을 제공하는 데 있는 것이 아니라, 최소한의 비용으로 최대한의 이윤을 창출해 내는 데 있다. 이윤은 기업 성장의 연료이며, 이윤 목표는 한 번 달성하면 끝나는 것이 아니라 계속 더 높은 목표를 향해간다. 결국 그들의 이상은 안정적인 균형 상태를 이루는 데 있는 것이 아니라, 아무런 비용을 들이지 않고 무한한 이윤을 창출하는 데 있다.

기업 문화를 이끄는 자들은 경제적인 성공 말고 다른 것에는 의의를 두지 않는다. 면밀히 연구한 자료에 의하면, 기업들은 더 많은 이익을 위해서라면 노동자의 복지, 고객의 건강, 사회의 안정성, 전통적인 기준과 가치, 공동체의 조화, 자연환경의 지속력 등을 얼마든지 위험에 빠뜨릴 의지가 있음을 보여준다. 더 많은 이윤을 얻을 수만 있다면 앞의 모든 것은 아무렇지도 않게 희생할 수 있다는 것이다.

기업은 자신의 탐욕에 의해 움직이는 데서 그치지 않고 다른 이의 탐욕도 유발해야 성공할 수 있다. 기업이 제품을 판매하고, 확장 성장하기 위해서는 소비자로 하여금 제품을 구매하려는 욕구가 생기도록 해야 한다. 소비자가 정말 필요로 하는 제품이 아니라 해도(대부분이 그렇다), 계획적인 전략을 써서 구매 욕구를 유발해야 한다. 이를 위해 시장 조사와 광고 제작이라는 두 분야가 생겨났다. 두 분야의 존재 이유는 무슨 수단을 써서라도 의뢰한 기업의 제품을 팔려고 밀어붙이는 것이다. 텔레비전, 라디오,

광고판, 신문, 사진, 광고 문구와 노래 등은 모두 "이것 사, 저것 사"라는 메시지를 각인시키기 위해서 쓰인다. 게다가 광고 산업이 기반을 두고 있는 정교한 심리학 이론은 놀라움을 자아낸다. 매출을 올리기 위해서라면 인간의 온갖 약점을 공략한다. 성, 사회적 지위, 자만, 탐욕, 근심, 걱정, 오만과 허영심 모두를 거리낌 없이 이용한다.

이와 같은 광고의 호소 뒤에는 좀 더 일반적인 전제가 숨어 있다. 이 전제는 노골적으로 드러나지는 않지만 수많은 형상과 구호를 통해서 절대적인 설득력을 갖는다. 그것은 바로 소비가 행복의 열쇠로 이어진다는 전제이다. 이를 통해 우리가 행복해지는 방법은 욕구를 충족시키는 것이라고 믿게 된다. 행복은 부의 축적, 상품의 향유와 동일시되며, 상품의 가격이 높을수록 사치품일수록 더 화려하고 큰 행복을 약속한다. 소비 중심의 세계관에서는 물질을 누리는 것이 최고의 선이며, 인생의 최종적이며 유일하고도 완벽한 목표다.

부처님 가르침의 관점에서 기업 경제 체제와 그것이 낳은 소비 중심 문화를 살펴보면, 이 체제는 결국 주인과 하인 모두의 복리에 해롭다는 것을 알 수 있다. 불교의 관점으로 이 체제의 내적 동력을 간략하게 살펴보자. 우선 사회 질서는 치암癡闇과 무지를 기반으로 하고 있다. 구체적으로는 물질적인 부와 소비가 좋은 삶의 잣대라는 착각이다. 불교 경전에 의하면 무지가 우리의 사고 체계에 침입하면, 전도顚倒된 생각의 파동을 내보내 우리의 인식, 생각, 견해를 오염시키는 일련의 전도가 일어난다. 부처님은 다음의 네 가지 전도의 양태를 밝혔다. '영원하지 않은 것을 영원하다고[常], 고를 즐거운 것이라고[樂], 자아가 없는 것을 있다고[我], 아름답지 않은 것을 아름답다고[淨] 하는 것'이다. 가장 기본적인 단계에서 우리는 이러한 전도를 통해서 사물을 인식하게 된다. 전도된 방식으로 인식한 것을 되새겨볼 때, 이 전도가 생각의 바탕이 되고 자기 견해, 즉 믿음, 원칙, 이데올로기로 받아들이게 된다. 결국 전도된 인식과 생각의 무게에 눌려서 영원성, 자아, 즐거움, 아름다움에 대한 그릇된 믿음을 갖게 되는 것이다.

현대 상업적 물질문화에서 무지가 생각으로 드러난 전도는 생산자와 소비자 모두의 생각, 태도, 가치관, 방침과 노선을 지배한다. 영원성, 즐거움, 자아, 아름다움[常樂我淨]의 허상은 떼려야 뗄 수 없는 삶의 한 부분으로 계속 유지된다. 예컨대 특정 상표의 비누를 쓰는 행복한 가정, 최신형 자동차 옆에 서 있는 아름다운 여성, 특정 상표의 담배를 피우고 있는 터프한 카우보이, 특정 상표의 위스키를 마시는 자신만만한 기업 간부 등등. 이런 공격적인 상업 전략이 갈애와 탐욕을 경제와 사회 활동의 동력으로 격상시키는 결과를 낳는 것은 불가피해 보인다. 자유 시장 경제에서 생산은 인간의 실질적인 필요의 충족이 아니라 상업적 이윤의 증대에 적합하게 되어 있다. 따라서 인간의 욕구는 이윤 증대를 위해 교묘히 조작되고 확장될 수밖에 없다.

체제의 내적 요구에 부응하기 위해서 생명 유지에 필요한 기본적인 물질적 욕구는 지위, 권력, 사치에 대한 채울 수 없는 갈망으로 확대되었다. 기업 경영자들은 사람들이 어떤 것에도 만족하지 못하도록, 늘 뭔가 불충분하다고 느끼도록, 항상 더 많은 것을 구매하고 싶은 충동이 일도록 애를 쓴다. 그 결과 시샘과 원망이 지족을 대신하고, 과다한 자극이 만족을 대체하고, 명성의 추구가 가치 있는 삶의 빛을 무색하게 한다. '충분하다'라는 말은 사전에서 지워야 할 단어가 되었다. 기업 중심의 경제가 번창하기 위해서는 '충분하다'라는 말이 있어서는 안 된다. 오직 더 크고, 더 빠르고, 더 좋고, 더 다양하고, 더 새로운 것에 대한 갈증만 있으면 된다.

이 새롭고 풍요로운 사회에서 상업 광고 전략에 가장 취약한 계층은 청소년층일 것이다. 소비지상주의를 조장하는 이들은 이 사실을 잘 알고 있다. 그들은 젊은이의 미숙한 심리적 욕구를 이용하는 방법을 능숙하게 쓸 수 있다. 젊은이의 반항심, 과감함, 즉흥적인 마음 그리고 불안을 이해하고, 그 이해를 바탕으로 특정 제품에 대한 선호와 명성을 부여하는 젊은이들만의 특수 문화를 만들려고 한다. 유행과 스타일을 조정하는 법을 알고 있고, 습관적으로 돈을 마구 쓰도록 유발하는 대체상품의 반복적 구매에 대한 요구를 일으키는 방법을 잘 알고 있다. 소박함, 지족, 자제력 같은 전통적 가치에 기반을 두고 발전해 온 종교 문화권은 글로벌 다국적 기업의 영향으로 인해 전통 가치를 다음 세대에 이어주는 생명줄이 끊어질 수 있고, 이로 인해 큰 상처를 받을 수 있다.

요컨대 이윤 추구를 미화하는 것은 무지와 갈애라는 두 번뇌가 사회 활동의 동력이 되는 사회 체제를 만들어낸다. 자유 무역과 세계화를 옹호하고 지지하는 전문가들은 경제가 규제 없이 돌아가는 것이 인간 행복의 전제 조건이라고 말한다. 그들은 '최대 다수의 최대 행복'을 말한다. 하지만 부처님의 가르침은 이와는 정반대이다. 무지와 갈애가 다스리는 사회 체제, 무분별한 성장, 욕망, 경쟁이 인간 활동의 원동력이 되는 체제는 괴로움과 갈등을 낳을 수밖에 없다. 사성제를 보면 이것이 심리적인 언어로 표현되어 있다. "갈애가 고의 원천이다." 경전의 다른 곳에서도 부처님은 사회 결속력의 와해를 언급하며 같은 주장을 펴고 있다.

> 갈애로부터 이익 추구가 생겨난다. 이익 추구로부터 얻음이 생겨난다. 얻음으로부터 결정이 생겨난다. 결정함으로부터 욕탐이, 욕탐으로부터 경도傾度가, 경도로부터 거머쥠이, 거머쥠으로부터 인색이, 인색으로부터 축적이 생겨난다. 축적으로부터 몽둥이와 칼을 들고 싸우고 말다툼하고 분쟁하고 비난하고 비방하고 거짓말을 하는 사악하고 불선한 일들이 생겨난다.
>
> 《장부》 15경 〈대인연경〉

세계의 모든 사람을 세계화된 하나의 경제 체제에 편입시킴으로써 오히려 개인을 전체로부터 떼어놓는 원자화가 초래되었고, 사회에서 책임감과 협동심을 갖고 행동하는 개인의 능력이 현저히 저하되었다는 점은 아이러니하다. 이러한 현상은 인간을 개인의 강렬하고 다양한 경험에만 집중하는 소비자로 전락시키는 기업 문화로 인해 나타난 결과이다. 소비 지상주의가 표방하는 좋은 삶이라는 이상은 절묘한 방법으로 인식의 저변에 작용하여 공동체의 일원으로서 서로를 이어주는 사회적인 연을 부지불식간에 끊어놓는다. 소비 지상주의는 또한 개인주의와 사적 이익을 부추기는 가치를 추구하게 함으로써 사회 조화를 사적인 이해관계에만 집중하는 사회 분화로 대체한다. 진정한 공동체를 형성하려면 책임감과 절제가 있는 독립된 개인들이 모여야 한다. 그러나 현실은 겉으로 드러나는 물질적 성공의 증거인 지위, 부, 권력 등만을 극대화하려고 하는 자기중심적 문화가 지배하고 있다. 오늘날 사회 규율과 책임감을 찾아보기 힘든 이유를 잘 모르겠다면 앞에 제시한 내용을 되새겨보라. 답이 나올 것이다.

서구의 '발전한' 국가에서 사회의 기본 구성단위인 가

정이 거의 무너졌다는 것은 놀랄 일이 아니다. '새로운 세계 질서'를 확립하는 데 앞장서 온 미국에서는 혼인의 약 절반은 이혼으로 끝나고 미국 아동의 절반이 한 부모 가정에서 자란다. 가족이 깨지지 않고 유지되는 경우에도 가정생활의 분위기는 과거와는 현저히 달라졌다. 가족은 더 이상 사랑, 존경, 자기희생 그리고 서로 돕는 친밀하고도 조화로운 공동체가 아니다. 구성원 각자가 자신의 이익만을 찾는 편의상의 공동체, 때로는 서로 해치기도 하고 이용하기도 하는 공존공생의 계약이 되어버렸다.

앞에서 말했듯이 소비 지상주의 문화의 원동력은 무지나 망상이며, 그 원동력은 상품을 사고 누림으로써 행복을 얻을 수 있다는 전제로부터 시작된다. 이런 믿음은 얻고 누리자는 욕심, 즉 갈애를 일으키고 결국에는 좌절감, 경쟁심, 갈등을 부추겨서 개인과 집단에 고를 불러온다. 그러나 법*Dhamma*이 다스리는 사회를 이끌어 가는 내적 원동력은 물질주의 사회의 그것과는 다르다. 여기서 말하는 법은, 불교에 한정된 좁은 의미가 아니라, 만물에 작용하는 올바름과 진리라는 보편적 법칙을 말한다. 정의로운 사회에서는 무지 대신 근본적으로 올바른 삶을 아는 통찰지 혹은 지혜가 작용한다. 불교가 널리 퍼진 사회에서는 업과 과보의 법칙, 보시와 지계의 혜택 그리고 사성제와 삼법인에 대한 상당한 통찰이 포함된 지혜가 함께한다. 이러한 지혜 속에 사는 이들은 완벽한 성인이 될 필요도 없을뿐더러, 실제로 대중 사회에서 그런 성인의 경지에 가까이 갈 수 있는 사람은 극소수에 지나지 않는다. 하지만 사람들이 불법佛法을 따르면 진정한 행복을 어디서 찾을 수 있는지 알 수 있고, 이 앎을 통해서 정말로 자신을 위한 것이 무엇인지, 겉으로 보기에는 좋지만 결국에는 해를 불러오는 것이 무엇인지 분명하게 구분할 수 있을 것이다.

실제적인 삶의 관점에서 볼 때 이러한 구분은 매우 중요하다. 무지에 빠져 있는 사람은 욕망에 쉽게 굴복하고, 무분별하게 부와 권력과 지위를 좇고, 자신뿐 아니라 다른 사람에게도 고통을 준다. 법을 따르는 사람은 삶의 최고 목표로서의 진정한 선이 무엇인지 안다. 이런 앎은 욕구를 자극하지만, 이 욕구는 갈애와 정반대되는 개념이다. 갈애는 육체적인 쾌락, 권력, 지위를 탐하는 자기중심적이고 무분별한 욕구이다. 이와 대조적으로 진정한 앎이 일으키는 욕구는 선한 욕구이며, 경전에서는 이를 '선에 대한 욕구' 또는 '진실에 대한 욕구[法欲]'라고 일컫는다. 이 선한 욕구에서 힘을 받은 사람은 선의 실현으로 이끄는 의로운 활동을 할 것이며, 이는 개인과 공동체 모두의 행복을 증진시킬 것이다.

불교의 최고 목표는 열반, 즉 무지와 갈애로부터의 해탈, 재생의 연속인 윤회로부터의 해방이다. 이제부터는 열반에 대한 철학적인 설명이 아니라 실천 가능한 사회 윤리를 찾는 데 불법이 관련 있음을 보여줄 실제적인 설명을 하고자 한다. 이를 위해서 불교의 세세한 교의에 경직되게 구애받지 않으면서 열반의 경험적인 측면을 살펴보는 것이 필요하다. 이런 개략적인 방법을 취하는 것은 다른 종교의 전통을 따르는 사람들, 또는 종교적인 신념은 없지만 소비 지상주의의 대안을 찾는 이들이 쉽게 받아들일 수 있는 정의로운 사회 모델을 구안해 내기 위해서이다. '세상의 상처를 치유한다.'는 임무는 하나의 종교적인 전통만으로 이뤄낼 수 있는 것이 아니다. 다원적인 세계, 다원적인 사회에 살고 있는 우리에게 필요한 것은 종교적 신념과 관계없이 영적인 감성을 가진 모든 사람들의 마음을 모으는 일이다. 모든 종교적, 영적인 길은 각각 독자적인 입장을 견지하고 있지만, 표면에 드러나는 차이의 이면에는 인간의 존엄성에 대한 인식을 공유하고 있다. 바로 이같이 공유하는 인식을 회복해야 하며, 자유 시장 경제와 그 부산물인 소비 지상주의 사회의 비인간적인 영향으로부터 지켜내야 한다.

실제 삶에서 불교의 궁극적인 목표에는 네 가지 주요 속성 – 행복, 평화, 자유, 평온 – 이 결합되어 있다. 초기 불교 경전의 언어인 빠알리어로 열반은 지고의 행복, 위없는 적정寂靜 상태, 해방 또는 해탈, 속박으로부터의 최상의 평온으로 일컬어진다. 열반의 이러한 양상은 현재 우리가 처해 있는 상태와는 거리가 먼 것 같지만, 조금만 생각해 보면 이들은 종교와 무관하게 인간의 가장 근본적인 소망 또는 욕구와 관련되어 있다는 것을 알 수 있다. 모든 인간 행동을 추동하는 근본적인 동기를 살펴보면 우리가 실제로 원하는 것은 행복, 평화, 자유, 평온이 모두 결합된 상태에 안착하는 것이라는 점을 금방 알 수 있을 것이다. 이것에 실패하는 이유는 그와 반대되는 상태를 원하기 때문이 아니다. 의도적으로 불행, 괴로움, 속박, 불안을 찾는 사람은 없다. 다만 우리는 행복, 평화, 자유, 평온을 제대로 알지 못하고 있고, 따라서 그 상태에 이르는 방법도 알지 못할 따름이다.

우리는 진정한 선善을 찾고 있지만 무지와 치암이 우리를 잘못된 방향으로 이끌고 있는 것이다. 마치 스리랑카에 있는 마텔레 길에서 캔디Kandy의 남쪽에 있는 콜롬보Colombo로 간다면서 북쪽으로 가는 사람처럼 말이다.

(1) 우리는 진정한 행복과 감각의 충족을 구별하지 못한다. 그래서 우리는 미친 듯이 감각적인 쾌락을 좇으면서 행복을 찾는다. 하지만 이런 쾌락은 일시적이고 저열하고 결국 근심에 매이게 만든다. 감각적인 쾌락에서 진정한 행복을 얻으려는 것은 마치 바닷물을 마셔서 갈증을 해소하려는 것과 같다. 마실수록 갈증이 더 심해지기만 한다.

(2) 우리는 평화를 갈등이 없는 상태라고 생각한다. 그래서 평화를 얻기 위해서 적들을 제압하려고 하고, 우리의 욕구를 충족시키려고 자연을 착취한다. 하지만 이 과정이 결국 자기를 파괴하는 행위라는 것을 모르고 있다.

(3) 자유를 방종과 같은 것으로 생각한다. 충동적으로 행동할 자유, 마음대로 다 할 자유로 여긴다. 그래서 충동적으로 행동하면서 그 대가를 치르지 않고, 무책임한 행위에 대해 그 책임도 지지 않을 권리를 요구한다.

(4) 평온을 외부적인 상해로부터의 보호라고 생각한다. 그래서 우리는 집 주위에 높은 담벼락을 쌓고 최첨단 보안 경보 장치를 설치한다. 그러면서도 결코 완전히 안전하다고 느끼지 못하고, 내면에서 일어나는 불안이라는 공포의 그림자 속에서 산다.

부처님은 우리가 원하는 가장 중요한 목표를 성취하기 위해서는 내면을 살펴봐야 한다는 것을 분명히 말씀하였다. 진정한 행복, 평화, 자유, 평온을 얻기 위해서는 우리 자신을 괴로움에 단단히 묶어놓고 있는 마음의 족쇄를 풀어야 한다고 가르친다. 이 족쇄는 탐욕, 성냄, 어리석음 같은 마음의 번뇌이다. 또한 이로부터 발생하는 분노, 악의, 시기심, 인색함, 위선, 고집, 자만, 오만, 허영, 방일함 등도 우리를 옭아매는 족쇄이다. 따라서 우리가 목표를 달성하려면 탐색의 시선을 마음 자체로 돌려야 하며, 자신을 청정하게 하는 일에 힘써야 한다.

완전한 열반은 세속적인 책임에서 헤어나지 못하는 일반인에게는 다가가기 어려운 목표일지도 모른다. 그렇다고 해서 그것이 불가능한 것은 아니다. 열반은 탐욕, 성냄, 어리석음의 파괴를 의미하며, 이를 성취하기 위해서는 일상생활에서 탐욕, 성냄, 어리석음을 점차 줄이는 데에 힘쓰는 것이 중요하기 때문이다. 우리의 목표는 몸을 '등 뒤로 젖히거나' '앞으로 숙여' 바닥에 닿게 하는 것이라 말할 수 있다. 다시 말해 매일같이 일상의 관심사에 직접 부딪치면서, 열반을 이루기 위한 필수 조건을 하나하나 찾아가는 것이다. 현재 서 있는 위치에서 열반으로 나아가기 위해서는 일상적인 행동, 말, 생각에 스며드는 번뇌를 줄이려고 노력해야 한다. 우리가 해야 할 일은 '욕심'을 너그러움, 집착 없음, 만족, 소박함 등의 '욕심 없음'으로 바꾸는 것이다. 불교는 물건을 모으고 쌓아두는 것보다는 베푸는 것의 가치를 중요하게 여긴다. 너그러움을 실천하는 것이 자신의 마음에서 욕심을 없애고 남을 이롭게 하는 가장 효과적인 방법이다. 증오와 원한을 키워나갈 것이 아니라, 다른 사람에 대한 자애와 연민을 개발하고, 그들과 협력해서 공통된 목표를 이루려고 하면서, 고난을 인내심과 평정심으로 견뎌내야 한다. 그리고 치암에서 벗어나 지혜를 개발해야 한다. 이는 인간 존재의 근거를 제시하는 불변의 법칙에 대한 이해와 통찰을 얻는 것을 의미한다.

자신을 청정하게 하는 일이란 팔정도를 계戒·정定·혜慧라는 삼학으로 수행해 나가는 것을 가리킨다. 팔정도의 삼학은 각각 더욱 면밀하게 단계적으로 번뇌를 찾아서 없애는 것을 목표로 한다. 정어, 정업, 정명을 포함한 계의 수행은 번뇌가 도덕적이지 못하고 해로운 행동으로 표출되는 것을 막는다. 정정진, 정념, 정정으로 구성된 정의 수행은 번뇌가 우리의 사고에서 분출되는 것의 제거를 목표로 한다. 정견과 정사유로 이루어진 혜의 수행은 마음 가장 깊숙한 곳에서 번뇌의 미세한 씨앗이 자리 잡지 못하도록 가장 근본적인 수준에서 번뇌의 뿌리를 뽑는 것이다. 현상의 본질을 통찰지로 꿰뚫어 봄으로써 번뇌가 완전히 뿌리 뽑혀야만 무지가 완전히 없어지고 온전한 앎을 터득할 수 있다. 이렇게 하면 바로 이생에서 누릴 수 있는 최고의 행복, 평화, 자유와 평온인 열반에 이를 수 있다.

팔정도 수행은 각 개인의 노력과 부지런함을 요구하는 필연적으로 개인적인 실천이지만, 동시에 수행의 결과는 사회에 아주 깊고 복잡하게 얽혀 영향을 미친다는 점을 특히 강조할 필요가 있다. 앞서 말했듯이, 사회는 하나의 추상적인 독립체가 아니라 구성원 한 사람 한 사람이 이루는 집적체이다. 사회를 생명체에 비유하면 구성원은 세포라고 할 수 있다. 요컨대 세포의 건강이 생명체의 건강에 영향을 주는 것처럼 사회 구성원의 행위, 태도, 가치관은 필연적으로 생명체로서 사회의 건강에 영향을 미친다.

사회의 구성원 모두가 팔정도를 따르도록 하는 것이 가능하다고 믿는 것은 착각일 수 있다. 도덕적 규율을 지키고, 올바르게 살도록 하는 것도 쉽지 않은 일이다. 반면에 물질주의와 소비 지상주의라는 어둠의 세력이 가진 힘과 매력은 매우 압도적이기 때문에 그들의 선동을 거스를 수 없는 진리로 받아들이기는 오히려 매우 쉽다. 경제가 세계화되면서 기업 문화를 지배하는 이들이 거의 모든 정보 매체를 손에 넣었기에, 소비 지상주의의 허상을 없애는 것은 정말 힘든 과제가 되어버렸다. 그런데 시스템 내부에서 이미 자멸의 씨앗이 싹트고 있다. 가진 자와 가지지 못한 자의 양극화, 이윤을 방해하는 모든 장해물에 대한 맹공, 기본적인 인간의 가치에 대한 무시, 최근 가장 중요한 지구의 생명 유지 시스템에 대한 무분별한 착취에서 파괴의 씨앗을 찾아볼 수 있다.

오늘날 우리는 갈림길에 서 있다. 인류의 운명, 즉 개인의 운명과 지구의 운명 모두를 결정하게 될 갈림길이다. 우리는 이윤 중심의 경제 체제의 힘을 받은 제약 없는 개발의 길을 따라온 결과 지금의 난관에 봉착했다. 과학의 발전으로 물질세계에 대한 이해도가 높아졌고, 이로 인해 인간은 자연에 대해 놀라울 정도의 높은 통제력을 가지게 되었다. 하지만 외부 세계를 지배하게 된 대가로 인간 스스로에 대한 절제는 소홀해졌다. 갈림길의 한 방향인, 밖을 개발하는 데 집중하는 방향을 지속하는 길은 인류의 생존 자체를 위험에 빠뜨리는 길이다. 이런 위험이 실존한다는 것은 교토기후변화회의(1997)에서 확인할 수 있다. 사실상 회담에 참석한 동서양의 거의 모든 국가가 제재 없는 경제 성장을 계속할 권리가 있다고 주장했다. 멀지 않은 미래에 대기와 수질 오염이 견딜 수 없는 정도에 이르고 예측 불가능한 기후 변화가 대규모의 재난을 불러올 수 있음에도 이런 입장을 고수했다. 풍족한 생활을 누리는 편에 끼어들려고 사람들이 고삐 풀린 탐욕에 이끌려 지구에서의 생존을 지탱해 주는 시스템, 이 생태계 자체를 파괴할 수 있는 불장난에 뛰어들고 있는 것이다.

갈림길의 다른 쪽 길은 과학과 기술을 거부하는 것이 아니라, 그들의 올바른 위치를 인간의 가치 척도에서 찾는 길이다. 과학과 기술의 기능은 인간 공동체를 돕는 것, 결핍을 완화시켜주는 것, 문화적·지적·영적인 목표를 추구할 수 있도록 기본적인 물질적 환경을 조성하는 것이다. 오늘날 가장 시급히 필요한 것은 외부의 개발이 아닌 내면의 개발로 강조점을 전환하는 것이다. 내면의 개발은 자신만의 주관적인 환상 속으로 도피하는 것이 아니요, 사회적인 책임을 외면하는 것도 아니다. 가장 깊은 단계에 있는 인간의 잠재력을 온전히 깨울 수 있도록 인간의 가치를 정리 정돈하는 것을 최우선으로 하는 것이다. 위대한 정신적 지도자들은 인생의 목표는 가치 척도에 따르는 것이며, 이 척도 안에서 가장 높은 목표가 가장 높은 가치를 가진다고 가르쳤다. 불교에서 가장 높은 목표는 깨달음과 해탈, 열반의 증득이고, 이는 팔정도를 걸음으로써 얻어진다.

　인류의 역사를 통해서 영적 생활의 법칙을 따르는 것은 언제나 올바르다고 여겨진 길이었지만, 물질세계에서의 인간의 생존이 전적으로 내면의 심리적 세계에 의존한다는 사실은 특히 오늘날의 현실에서 더욱 분명하게 느낄 수밖에 없다. 우리가 공유하고 있는 세계는 정신의 집단적 반영이라는 점, 즉 세계의 사회·경제·정치의 구조는 우리의 사고방식과 가치 체계가 밖으로 표현된 것이라는 점을 받아들일 수밖에 없는 많은 증거가 있다. 따라서 공공의 행복 그리고 어쩌면 인류의 생존까지도 광범위한 의식 변화에 달려 있다고 말할 수 있다. 이 변화는 동과 서, 남과 북 같은 모든 경계를 넘어서야 하며 결국에는 자멸적이고 고집스러운 자세와 가정假定을 모두 깨뜨려야 한다. 21세기에 다가서고 있는 지금 이 시점에서 부처님 가르침의 교훈을 간략하게 요약하면 다음과 같다. 이 세상이 겪고 있는 상처는 인간 마음의 상처가 드러난 증상임을 인정해야만 한다는 것, 아동 성매매와 생태계 파괴, 정치 부패와 기업 제국주의 등 우리가 겪고 있는 총체적 문제는 우리 마음속 깊숙이 파고든 견해와 가치관의 파괴적인 전도를 큰 활자로 쓴 경고장이라는 점이다. 그런데 부처님은 인간은 변할 수 있다는 긍정적인 가르침을 주었다. 인간은 마음의 어두운 번뇌에 힘없이 사로잡힌 포로가 아니라, 궁지에 몰려 있고 고통스러운 상황에 처해 있다는 것을 자각함으로써 고통의 원인들과 맞서 싸우는 힘들고 오래 걸리는 과업을 시작하고 그래서 스스로를 자유롭게 할 수 있는 존재라는 것이다.

사회 정의의 실현, 빈곤의 해결, 공동체 갈등 해소 그리고 자연환경 보호는 우리가 해결해야 할 최우선 목표임에 분명하다. 하지만 부처님의 가르침에 따르면 개인이 일상적으로 욕심을 부리고, 부주의하고, 이기적인 방식의 생활을 벗어나지 못한다면 사회 문제를 해결하는 것은 기대할 수 없다. 이 세상이 안고 있는 상처를 치유하기 위해서는 개인 안에 깊이 숨겨져 있는 욕심, 성냄, 어리석음이라는 마음의 상처를 치유하려고 노력해야 한다. 이러한 부처님의 교훈은 물론 실천하기 쉽지 않다. 내면의 변화를 이루는 일은 외적인 성과를 내는 일보다 더 많은 노력이 필요하다. 특히, 그 첫 단계가 자신을 이해하는 것이라면 말할 것도 없다. 하지만 아무리 생각해봐도 우리에게 남은 것은 이 길밖에 없다. 따라서 우리는 이 길에 더욱 더 집중해야만 한다.

이 글을 마치면서 아시아에서의 불교 위상을 살펴보는 것이 필요할 듯하다. 오늘날 아시아 불교 문화권의 지배적인 생활 방식을 보면 진정한 법의 영향력이 급격히 떨어지고 있는 것처럼 보인다. 절도 많고, 산이나 길에 거대한 불상도 많고, 도시와 마을에 스님도 많다. 하지만 법에서 영감을 얻고, 법이 이끄는 삶, 도덕적 정직함에 기초하고, 자비와 연민에 바탕을 두고, 다른 이에 대한 배려와 존경에 기초한 삶의 방식 등 이 모든 것이 점점 사라지는 모습은 안타깝기 그지없다. 진정한 법이 사라지는 것을 막기 위해서는 긴 안목을 가지고 과감한 조처를 취해야 할 것이다.

앞으로 다가올 여러 세대에 여전히 법이 살아있게 하려면 젊은 세대에게 법의 중요성을 알려주는 방법을 찾아야만 한다. 현재 아시아에서 불자들이 불교를 따르는 경향을 보면, 교육을 받은 젊은이들은 불교를 일종의 의식과 의례를 전파하고 지속하게 하는 것이라고 생각하는 듯하다. 즉, 문화적, 민족적 전통을 보존하기 위한 수단으로 생각하기는 하지만, 불교가 현재 사회가 겪고 있는 문제와 관련 있다고 생각하지는 못한다. 불교의 깊은 통찰과 영적 수행법을 다음 세대에 귀중한 정신 유산으로 남기는 일은 젊은이의 몫이다. 젊은 세대가 물질주의와 방종의 열병 속에 빠져 있다면 불교의 미래는 없다. 설사 불교가 살아남는다 해도 핵심적인 본질은 소멸하고 껍데기만 남을 것이다.

불교가 살아있는 종교로 지속하기 위해서는 경직되고 무기력해져 제도화된 구현물이 아니라 진정한 영적인 핵심으로서의 법*Dhamma*을 찾아내야 한다. 그러려면 불법을 한 민족의 정체성의 바탕이나 문화적인 자랑거리로만 여겨서는 안 된다. 무엇보다도 우리의 근본적인 삶의 태도, 목표, 가치관에 영향을 주는 영적인 향상과 자기 변화를 이끌어 주는 실천의 길[道]로 여겨야 한다. 불법이 이렇게 쓰일 때 비로소 마음의 모든 상처를 치유하는 데 도움이 되고, 내면의 상처를 치유하고 난 다음에야 세상의 상처를 치유하는 막중한 작업에 임할 수 있을 것이다.

경제·사회 발전에 관한 불교적 접근[2]

여기서는 현대 세계를 지배하고 있는 경제·사회 발전 개념을 부처님 가르침의 관점에서 살펴보고자 한다. 현대 사회의 지배적인 발전 모델과 불교의 발전 모델이 근본적으로 양립할 수 없다면 그 근거를 따져보는 것은 매우 중요하다. 이를 위해 우선 불교의 관점에서 현재 대부분의 주류 경제학자나 사회학자들이 찬성하고 있는 사회 발전 모델을 살펴보겠다. 그 모델이 가진 결함을 밝혀낸 다음 그 대안으로 불교적 원리에 따른 지침 몇 가지를 제시하겠다. 전문적인 경제학 교육도 받지 않았고 이 분야에 대해서 아는 것도 거의 없는 필자의 비판은 개략적일 수밖에 없을 것이다. 그러나 그 비판이 불법佛法의 영적, 도덕적 원칙에 어긋나지 않는다면 비록 개략적이라 해도 도움이

---

2 이 글은 1998년 11월 10일 콜롬보에서 '정등각자의 초시간적 메시지'를 주제로 열린 국제 불교대회에서 발표한 원고이다.

될 것이다.

경제·사회 발전이라는 개념은 오늘날 전 세계의 정치인, 기업의 리더, 정책 입안자가 애용하는 구호이다. 이 개념은 개인적인 수준에서 모든 사람의 삶에 영향을 미치며, 사회 정책적 차원에서도 엄청난 영향력을 미친다. 불교 경전에는 사람들의 경제·사회 활동을 바로잡을 몇 가지 원칙이 제시되어 있다. 하지만 오늘날 정책 수립에 막대한 비중을 차지하는 경제·사회 발전의 개념과 상응하는 개념은 불교 경전이 쓰일 당시에는 없었다. 그러므로 이 주제를 제대로 다루려면 경전을 참고하는 것만으로는 충분하지 않다. 이에 더해 경제·사회 발전이라는 개념이 오늘날 사회 정책과 관련하여 어떤 의미인지 밝혀내고, 불법의 관점에서 판단하고 평가하는 작업이 필요하다.

오늘날 개발도상국들에서 따르려고 하는 경제·사회 발전 모델은 주로 서구, 특히 미국에서 제시하고 있는 모델이다. 동서양의 정치 지도자나 경제 당국자는 서구의 경제 체제는 모든 국가가 당연히 따라야 할 표준 모델이라고 생각한다. 이 모델이야말로 인류가 겪고 있는 가장 고질적인 문제들, 즉 가난, 폭력, 불의를 해결할 수 있는 만

병통치약이라고 여기기 때문이다. 발전이라는 단어에는 개별 국가들이 서구의 발전 모델을 얼마나 이루어 냈는가에 따라 등급이 매겨지는 눈금이 있는 잣대의 의미가 함축되어 있다. 이 모델을 성공적으로 이행한 국가는 개발된 국가로 불리고, 아직 거기에 도달하지 못한 국가는 개발도상국으로 불린다. 모든 국가가 앞서가는 서구를 따라잡기 위해서 하나의 노선을 타고 같은 방향으로 힘겹게 나아가는 것을 당연하게 여기고 있다.

이 모델에서 국가의 발전을 정의하는 가장 중요한 지표는 경제다. 산업 생산과 상업 서비스에 첨단 기술을 장착해서 운영되는 경제 체제를 가진 국가는 발전한, 즉 개발된 국가다. 개발의 여부는 그래프에서 두 축의 결합으로 정의된다. 세로축은 기술과 상품의 혁신이고 가로축은 생산과 유통의 확산이다. 또한 경제의 효율성을 최대한 높이기 위해 사회의 다른 요소는 경제에 종속되어야 한다. 이런 형태의 사회 구조에서 대량 생산과 광범위한 유통망으로 효율적인 경제는 전체적인 복지를 끌어올리는 필수 도구라는 식으로 합리화된다. 이 체제를 지지하는 사람들은 생산과 유통을 지속적으로 늘이면 엄청난 부가 생성될 것이며, 마침내 부는 조금씩 넘쳐흘러 모든 이가 혜택을 입을 것이라고 주장한다.

서구 사회가 산업 혁명 이래로 한 번도 뒤돌아보지 않고 오로지 경제 성장을 추구해온 것은 이러한 근거에서였다. 그리고 나머지 국가들이 그 뒤를 따르기로 한 것은 바로 서구의 엄청난 기술 수준과 물질적인 풍요에 대한 경외감 때문이었다. 아시아의 불교 문화권 국가들의 많은 정치 경제 지도자 역시 이러한 서구 모델에 깊은 감명을 받았고, 예외 없이 첨단 기술을 이용한 산업 경제를 일으키는 데 힘쓰고 있다. 그러므로 이들 국가에서 불교의 미래를 책임지고 있는 종교 지도자들이 이 모델과 그 파급 효과에 대해 깊이 고찰하는 것은 매우 중요하다.

경제·사회 발전의 개념을 자세히 검토하기 위해서는 제대로 된 논문이 필요하지만 이 짧은 글에서는 우선 간단한 질문 두 가지에 답하고자 한다. 첫째, 세계의 국가가 모두 서구 모델을 모방하는 것은 실지로 실현 가능한가? 둘째, 만일 가능하다면 그 길을 따르는 것은 과연 바람직한가? 첫 질문에 관한 논의는 어떤 특정한 종교적 신념과 관련되어 있지 않기 때문에 불교적 관점과는 무관하게 답할 수 있다. 두 번째 질문은 불교적 관점에 비추어 볼 때 서구식 발전 개념이 부처님 가르침과 부합하는가를 묻는 것이다.

첫 번째 질문
: 서구식 발전 모델은 모든 국가에서 실현 가능한가?

첫 질문은 아주 간단하게 답할 수 있다. 세계의 모든 국가들이 서구 발전의 길을 따르는 것은 실현 가능하지 않을뿐더러, 서구의 경제 선진국과 '후발 산업 국가'가 지금과 같은 길을 계속 추구한다면 모두 위험에 처할 것이다. 첨단 기술과 산업화를 좇는 경제 개발은 세계를 재난 직전의 위험한 상태에 몰아넣고 있을 뿐만 아니라, 인류의 생존이 달려 있는 지원 시스템 그 자체의 붕괴를 위협하고 있다.

인간의 경제는 고갈되지 않는 자원을 무한정 공급할 수 있는 공간에서 운영되는 것이 아니다. 오히려 제한되고, 한정된 매우 취약한 생태계 안에서 이루어진다. 경제가 확장되면 생태계의 기반이 되는 자원의 소비는 점점 늘어날 것이며, 그것이 배출하는 폐기물로 인해 생태계는 고통 받을 수밖에 없다. 생태계가 가진 자원이 100퍼센트라면 그 이상 소모할 수 있는 자원은 있을 수 없다. 하지만 인류의 경제가 이 한계에 도달하기 훨씬 전에, 취약한 생태계는 심하게 손상되어 고등 생명체가 생명을 유지할 수 없는 세계로의 문턱을 넘어설 것이다.

우리는 이미 그 한계선에 아주 가까이 다가가 있는지도 모른다. 하지만 그것을 미리 알 수 있는 방법은 없다. 자연의 체계는 눈에 보이지 않는 곳에서부터 아주 서서히 붕괴되고 있는 중일 수도 있고, 최후의 재앙이라는 것도 단번에 드러나지 않을 수 있다. 향후 반세기 동안 세계 인구는 50퍼센트 정도 증가할 것으로 보이며, 그로 인한 환경 부담은 세계적인 경제 성장을 추구하는 그만큼 더 위태로운 수준까지 치솟을 것이 분명하다. 이런 상황에서 제3세계 국가들이 팽창 지향적인 산업 생산의 길을 따르는 것은 무모하고 무책임하다. 게다가 만일 인류가 하나의 종種으로 계속 생존하고자 하면 북반구의 선진국들이 현재의 지나치게 높은 생산과 소비를 획기적으로 줄이고 이 세계가 생태적으로 건강하게 유지되는 데 도움이 되는 새로운 경제 체제를 채택하도록 계속 압박해야 할 것이다.

두 번째 질문
: 서구식 발전 모델을 따르는 것은 과연 바람직한가?

두 번째 질문은 서구의 경제 발전 모델이 생태학적으로 실현 가능하다는 가정 하에 - 물론 실제로는 그렇지 않다 - 그 모델을 따르는 것이 불교적인 관점에서 바람직한가를 묻는다. 이미 이 모델이 생태계에 심각한 재난을 초래한다는 것을 설명했으므로 이 질문은 할 필요가 없는 것처럼 보일지도 모른다. 하지만 인간이 스스로 주장하는 것처럼 이성적인가도 의심스러울뿐더러, 여러 지도자와 정책 입안자는 죽을지도 모르면서 불꽃으로 뛰어드는 나방처럼 이 나라를 짓누르는 긴급하고도 중대한 사회 문제를 해결할 수 있는 길은 경제 개발밖에 없다며 그곳으로 향한다. 상황이 이러하니 이 질문에 대해 긴급히 논의할 필요가 있다.

결론부터 말하자면, 서구의 모델은 불교적 관점에서 볼때 경제, 사회, 문화적으로 좋지 않은 결과를 가져올 것이 분명하기 때문에 그 모델을 따르는 것은 바람직하지 않다. 그 이유를 하나씩 살펴보자.

(1) 경제적인 영향

세계 자본주의자들은 가난을 없애고 모두를 풍요롭게 하기 위한 수단으로 지속적인 성장을 주장한다. 이러한 통념은 그들의 슬로건으로 표현되고 있다. "밀물은 모든 배를 띄운다." 하지만 50년이 넘게 세계 수준에서 지속적으로 개발이 진행되면서 빈부 격차는 경제 성장에 비례하여 커졌고, 지금은 그 어느 때보다도 격차가 크다. 세계의 가장 부유한 국가와 가난한 국가 사이의 격차가 커졌을 뿐만 아니라, 거의 모든 국가에서 가장 부유한 이들과 가난한 이들 사이의 격차 역시 커졌다. 지난 반세기 동안 경제 성장은 5배, 국제 무역은 12배, 해외 직접투자는 24배에서 36배가량 늘어났다. 하지만 빈곤선 아래에서 살고 있는 세계 인구의 비율은 그 어느 때보다 높다. 북반구 인구는 전체의 20퍼센트에 불과한데도 이 20퍼센트가 세계 수입의 80퍼센트를 차지하고 있다. 반면 세계 인구 중 가장 가난한 20퍼센트는 세계 수입의 고작 1.4퍼센트의 몫을 차지하고 있다. 상위 20퍼센트의 총수입이 하위 20 퍼센트보다 60배 많은 셈이다. 1950년에 30배였던 것에 비하면 두 배나 늘었다. 즉, 지난 50년 동안의 경제 성장은 본래의 장밋빛 약속과는 달리 모든 이에게 골고루 그 혜택이 주어지진 않았다. 오히려 창출된 부의 대부분은 기업과 금융계에 있는 극소수의 엘리트층이 차지하고 있으며, 서구를 포함한 전 세계에서 불확실성과 빈곤의 깊은 수렁으로 빠져들고 있는 사람의 수는 점점 더 늘어나고 있다.

(2) 사회적인 영향

경제와 산업의 성장이 사회에 미친 영향도 마찬가지로 암울하다. 전통적인 불교 사회의 특징은 고도의 결속력과 강한 공동체 의식에 있다. 가족에서 시작해서 서로간의 의지처가 되는 불교 사회 구성원들은 두터운 인연의 망으로 연결되어 있다. 사람들 대부분은 소규모 농업, 수공업, 소규모 무역 등 소비자와 직접 교류하는 일을 통해 생계를 이어나간다. 정신적으로는 승가의 비구와 비구니의 지도를 받는다. 이들은 일반 신도에게 부처님 가르침을 전수하며 열반이라는 궁극적인 목표에 도달하기 위해 필요한 정신적인 덕목을 실천하는 살아있는 본보기로서 사회의 중심에 자리 잡고 있다.

식민지 시대에 시작된 시장 경제가 활성화되면서 끈끈하게 지탱해 오던 상호 관계망이 뒤엉켰다. 작은 농장이 폐쇄되고 그 자리에 세계 시장에 공급하기 위한 환금성換金性 작물을 재배하는 대규모 농장이 들어섰다. 다국적 기업의 등장으로 소규모 기업은 도산하고, 장인의 손에서 만들어지던 수공예품은 대량 생산된 값싼 상품에 밀려나고, 소규모 소매상인은 대형 할인점과 체인점이 들어섬으로써 줄줄이 파산하였다.

토지와 사업체를 잃으면서 실업률은 급상승했고 수많은 사람들은 일자리를 찾아 도시로 향했다. 도시로 간 사람들은 공장에서 일자리를 구하고 커져 가는 빈민가에서 쉴 곳을 찾았다. 몇 푼 안 되는 돈을 벌기 위해 장시간의 고된 노동에 시달렸으며, 때로는 위험한 일도 마다할 수 없었다. 공동체의 그 두터운 연대는 시장 경제의 공격에 여지없지 무너졌다. 그로 인한 정신적 충격이 컸음은 말할 필요도 없다. 전통 사회 특유의 끈끈한 인간관계 대신 얼굴 없는 군중들 간에 차갑고 비인간적인 관계가 들어서고, 사람들은 불신의 바다에 떠다니게 되었다. 공동선을 실현하기 위해 협력하기보다는 생계유지를 위해서 나의 이익을 앞세우고 다른 사람들을 젖혀야 하는 야만적인 경쟁에 교묘하게 내몰릴 수밖에 없게 되었다.

가족 관계도 무너졌다. 먼저, 단단히 결속되었던 대가족은 폐쇄적인 핵가족으로 분해되고, 그 후 핵가족도 갈가리 찢어져 부부는 이혼하고, 어른들은 외로워졌고, 아이들은 불안 속에 홀로 남겨졌다. 북반구와 남반구 어디에서나 노숙자가 늘어나고, 범죄는 급속도로 증가하고, 성매매, 아동 학대, 청소년 범죄, 자살, 알코올 중독, 마약 중독이 만연하는 등의 현상은 이 사회 시스템이 어떻게 질적으로 하락했는가를 명명백백하게 보여주는 증거이다.

(3) 문화적인 영향

전통적인 불교 사회에서 부와 재화는 도덕적, 영적 미덕보다 하위에 있는 가치이다. 올바른 사고와 행동의 최상의 지침인 법*Dhamma*은 소박함, 지족, 베풂, 자기희생과 같은 가치를 장려한다. 지혜를 영리한 것보다 높이 여기고, 도덕적인 청정함을 부나 지위보다 높이 여긴다. 하지만 산업 성장 사회가 도래하면서 모든 것이 달라졌다. 무엇이든 손에 넣고 소유하고 소비하는 본능적 탐욕이 무자비한 전제 군주가 되었다.

세계 자본주의의 논리와 전통 불교 사회의 사고방식은 양립할 수 없으며, 세계 자본주의의 논리에 따르자면 전통 불교 사회의 사고방식은 해체되어야 한다. 그러므로 거대 기업들이 불교적 이념의 색채를 조금 띤다고 해서 혹시 개혁이라도 일어나는 것이 아닐까 하는 기대는 참으로 순진한 것이다. 기업 경제의 원동력은 이윤의 증대이며, 이윤 증대를 위해서라면 구매 욕구의 억제를 장려하는 전통 가치는 조직적으로 없애야 할 대상에 지나지 않는다. 이 목표를 달성하기 위해 기업에서 불교적 사고방식을 직접 공격할 필요는 없다. 기업은 오히려 겉으로는 도덕적인 가치를 내세우면서, 무의식 단계에서 사람들의 견해와 사고방식을 교묘하게 조작함으로써 과학기술이 만든 상품을 향유하고 무분별한 구매를 즐기는 소비자들로 서서히

변신시키는 방식을 취한다. 그들의 표적 가운데 가장 취약한 계층은 젊은이다. 젊은이들이 소유하는 물건, 입는 옷, 부르는 노래, 먹는 음식 등에 대한 취향과 선호를 가지도록 하고, 그것에 따라 인기와 지위가 결정되는 그들만의 문화를 형성하도록 부추긴다.

문화에 침입하는 경로는 다양하다. 텔레비전, 영화, 영상물, 음악 등 대중문화의 모든 영역에서 전통적인 다양성이 사라지고 일체화되며, 글로벌하게 획일화된 문화를 만들어내고 있다. 체인점과 쇼핑몰은 높은 지위에 걸맞은 상품을 제공함으로써 이런 문화에 헌신하고 있다. 하지만 가장 직접적으로 사람들을 공략하는 것은 광고 산업이다. 광고 산업은 사람들의 머릿속에 인생의 주요 목표는 그저 상품을 사 모으고 그것을 향유하는 데 있으며, 절제나 가책 따위는 전혀 필요 없다는 믿음을 굳게 심어주고 있다.

발전에 대한 불교적 지침

현시점에서 실용적이면서 검증된 그리고 잘 조직된 경

제·사회 발전 계획을 제시하기는 어렵다. 인류는 새로운 천년의 문턱에 들어서 있고, 우리는 지금부터 시행착오의 과정을 거쳐 방대한 문제들을 해결할 대책을 만들어가야만 한다. 세계 경제가 인류와 지구를 재앙의 목전에까지 몰고 온 지금, 실행 가능한 대안을 찾아내는 것 말고는 방법이 없다. 이미 여러 곳에서 새로운 대안 모델을 찾기 위한 작업이 부지런히 진행되고 있다. 이제부터는 경제·사회 발전에 관한 불교적 대책을 세우기 위한 몇 가지 간략한 지침을 제시하고자 한다.

불교의 첫 번째 임무는 산업 발전 모델을 규정하는 전도된 논리를 제대로 돌려놓는 것이다. 부처님 가르침의 관점에서 보면, 우선 이 모델은 구체적인 삶의 현실과는 동떨어진 삶으로부터 추상된 어떤 것에 근거하고 있다. 그 추상은 적어도 두 단계에 걸쳐 일어난다. 먼저 전통적인 문화에서 경제는 그보다 큰 사회 체제의 하위 개념인데 비해 산업 발전 모델에서 경제는 그 고유한 영역에서 벗어나 사회 체제 전체의 건실성을 판단하는 주된 기준으로 작용한다. 다음으로, 경제의 건실성이라는 것은 다시 국민총생산GNP이나 국내총생산GDP 같은 수치로 된 양적 기준에 의해서만 평가된다. 이른바 국민총생산이나 국내총생산과 같은 지표는 한 국가에서 금전적으로 교환될 수 있는 전체 재화 및 서비스의 측정치일 뿐이다. 이 지표로는 그 재화와 서비스의 질이 어떠한가에 대해서는 어떤 것도 밝혀 주지 못할 뿐만 아니라, 여기에는 경제 개발로 인한 사회적 비용, 생태계가 치러야 하는 비용 등은 역시 들어가 있지 않다. 게다가 창출된 부가 국민들에게 어떻게 분배되는지에 대해서도 전혀 알려 주는 바가 없다. 하지만 전 세계 정책 입안자들은 근시안적으로 GDP를 끌어올리는 것에 모든 관심을 기울이고 있으며, GDP와 같은 양적 지표가 지구상 거의 모든 나라의 경제·사회 정책 수립의 기준이 되고 있다. 이처럼 경제를 양적 지표라는 협소한 시각으로 바라봄으로써 다음과 같은 이중의 기생 관계를 부추긴다. 즉, 한편으로 경제가 사회 질서에 기생하게 되고, 다른 한편으로 이렇게 결합된 경제와 사회 질서는 지구의 연약한 생태계에 기생하여 생태계를 파괴한다.

　부처님이 제시한 사성제는 이 왜곡된 시각의 원인과 결과를 진단할 수 있는 강력한 도구다. 그 원인은 바로 무지이며, 무지는 사물을 있는 그대로 보지 못하게 하고 갈애가 사회 전체를 지배할 수 있는 판을 만들어준다. 갈애가 있으면 고苦가 반드시 그 뒤를 따른다는 사성제의 이치는 전 세계에서 일어나는, 발전을 위한 경쟁이 남긴 잔해에서 충분히 확인된다.

불교적 경제·사회 발전 모델에는 어떤 근본적인 개념이 내재되어 있는데, 그것은 부처님이 수행을 통해 깨닫고 가르침을 통해 전수한 진리와 정의의 법칙인, 자연적이며 스스로 존립 가능한 법*Dhamma*이다. 법을 최우선으로 한다는 것은 사회·경제 정책을 수립하면서 처음부터 끝까지 윤리적 규범을 지침으로 해야 한다는 것을 의미한다. 이 기준은 개인적, 상대적, 주관적 판단의 문제가 아니라, 존재의 본질에 새겨져 있는 실존적 불변의 법칙이다. 그렇다고 해서 모든 상황과 모든 사람들에게 적합한 단 하나의 사회·경제 체계가 있다는 말은 아니다. 다양한 자연환경만큼이나 다양한 대안 체계가 있을 수 있다. 하지만 어떤 체계이든 진정한 인간의 복지를 실현하고자 한다면 사람들을 도덕적인 삶으로 이끄는 제대로 된 윤리적인 가치에 기반을 둔 체계여야 한다. 법과 반대 방향으로 나아가는 사회 체계, 즉 비도덕적인 행동을 부추기거나 묵인하는 체계는 인간과 자연 모두를 빈곤과 불행에 빠뜨릴 것임은 의심의 여지가 없다. 오늘날 기업 자본주의는 그 증거를 명백히 보여준다. 이기심, 탐욕, 무절제한 소비가 발전의 열쇠라는 이념을 바탕으로 세워진 자본주의는 인간을 전 지구적 재앙의 상태로 몰아가고 있다.

법*Dhamma*이 사회 질서에서 중심 역할을 한다는 것으로부터 두 가지 원칙이 따라 나온다. 하나는 특히 경제 분야와 관련이 있으며, 다른 하나는 사회 분야와 관련이 있다. 경제 분야를 지배하는 원칙은 '지족의 원칙'이다. 이 말은 '이 정도로 충분하다는 것을 아는 것'이다. '지족의 원칙'은 개인의 심리적 조화에 기여하는 정신 건강의 원칙이면서, 자연환경의 보존에 기여하는 생태적 지혜의 원칙이기도 하다. '경제economy'라는 말의 어원인 '집의 경영'이라는 의미에 비추어보면 이 원칙은 건전한 경제의 두 측면을 증진시킨다. 내면의 집인 '마음'과 바깥의 집인 '자연세계'를 현명하게 경영하는 것이다.

정신 건강의 원칙으로서 '지족의 법칙'은 다음과 같은 이해에 기반을 두고 있다. 뒤에서 다시 설명하겠지만, 인간의 욕구에는 위계가 있다는 사실 그리고 물질적 욕망을 지나치게 추구하면 해롭다는 사실이다. 이 말이 우리 모두 금욕적인 생활을 해야 하고, 삶의 순수한 즐거움조차도 금기시해야 한다는 것을 의미하지는 않는다. 다만 사람들이 정상적인 한도 이상으로 부나 감각적 쾌락을 탐하게 되면 거기에는 반드시 사회적, 정신적 희생이 따른다는 것을 의미한다. 인간이 만족스러운 삶을 살기 위해서는 이러한 사회적, 정신적 욕구 충족도 대단히 중요하다. 그러나 지나친 욕망의 추구는 인간 본성의 법칙에 어긋날 뿐만 아니라 자신을 포함해서 그 욕심의 희생자가 된 다른 사람 모두에게 해악을 끼친다.

생태적 지혜의 원칙으로서 '지족의 법칙'은 생태계의 자원은 유한하며, 그런 만큼 경제도 무한히 확장할 수 없다는 사실을 알려 준다. 한계를 넘는 경제 성장의 추구는 인류의 육체적·정신적 건강 그리고 자연의 재생력에 기생하게 되고, 그에 따르는 대가를 치르게 된다. 오늘날의 상황에 '지족의 법칙'을 적용하면, 지속적으로 생산을 증진하고 강박적으로 기술을 혁신해서 이루어지는 경제 성장은 지금 우리에게 전혀 필요 없다는 점을 알 수 있다. 경제는 이미 충분히, 아니 지나치게 비대해졌고, 이미 지나치게 발전해서 더없이 강력해진 기술은 인간처럼 오류에 빠지기 쉬운 존재가 사용하기에는 도덕적으로 너무도 큰 위험을 안고 있다. 우리에게 무엇보다 필요한 것은 간소화와 줄이기이다. 무기와 사치품의 생산을 줄이고, 과시적인 소비가 경제의 원동력이 되지 않도록 해야 한다. 대신 과학 기술이 더 겸허하고 인도적인 방향으로 질적 개선을 해야 하며, 자연 생태계 전체에 해를 주지 않도록 바꿔야 한다. 그리고 무엇보다도, 모든 인간이 적정한 생활수준을 유지할 수 있도록 경제 정의와 사회 평등의 실현에 더 힘을 쏟아야 한다.

사회 활동의 근본이 되어야 할 원칙은 협력과 화합이다. 다만, 협력은 윤리적인 동기에서 우러나와야 한다. 우리에게 필요한 협력은 초강대국들이 자신의 이기적인 이해를 위해 세계 정치 질서를 좌지우지하는 협력 따위가 아니다. 또한 세계 경제를 지배하기 위해서 이루어지는 기업의 인수 합병, 카르텔 형성은 법*Dhamma*다운 협력이 아니다. '협력'보다 '경쟁력'이라는 말이 흔하게 쓰이는 오늘날의 사회에서는 협력이 아닌 경쟁을 부추긴다. 이렇게 경쟁을 강조하게 되면 사회 구성원 사이에는 갈등과 적의가 생겨나고, 사회는 여러 적대적인 집단으로 분열하고 만다. 법에 기반을 둔 사회에서는 개별 구성원 각자가 자신이 속한 집단의 이익을 도모하기 위해 노력해야 한다는 것을 알게 된다. 집단에 도움이 되지 못하더라도 최소한 개인의 이익을 위해서 다른 사람에게 해를 끼쳐서는 안 된다는 것을 잘 알게 된다. 법에 기반을 둔 사회의 이상적인 모습은 부처님이 승가에 가르친 '화합과 상호 존중에 관한 여섯 가지 덕목'[3]에 잘 나타나 있다. 생각, 말, 행동에는 자비심이 깃들어 있어야 하고, 정당하게 얻어서, 얻은 것을 나눠야 하고, 보편적 계율[4]을 지켜야 하며, 해탈에 관한 공유된 견해를 가져야 한다는 가르침이다.

불교적 관점으로 사회·경제 발전을 추진할 때, 정책의 핵심적인 요소는 사회 구성원의 복지가 될 것이다. 물론 복지의 경우에도 광범위한 요소를 포함하는 총체적인 관점에 입각하여 살펴봐야 한다. 경제 영역은 그보다 큰 사

---

3 [역주] 《중부》 48 ; 《증지부》 6:11~12 ; 《장부》 33.

4 [역주] 《중부》 48의 비구 보디 영역본에는 '부서지지 않고, 훼손되지 않고, 흠이 없고, 오점이 없고, 자유롭게 하고, 현자가 칭찬할 만하고, 들러붙지 않고, 삼매로 이끄는 계'라고 되어 있다.

회 체계에 부속된 영역이라는 제대로 된 위치에 놓여야 하고, 사회 체계 또한 모든 생명체에 필수불가결한 기반인 전체 생태계에 속한 구성 요소 가운데 하나로 취급되어야 한다. 이렇게 되었을 때 경제 개발은 전체 사회의 복지와 행복에 기여하면서 그 사회가 속해 있는 자연 생태계에 피해를 주지 않는 방향으로 이루어질 수 있다. 한편 불교적 사회 정책은 자연환경 보호의 중요성을 인정하는데, 그것은 단순히 자연이 인간 경제에 자원을 계속 공급해 주기 때문이 아니라, 자연이 사회 구성원의 정신 건강에 미치는 영향, 심미적 풍요로움, 자연의 본질적 가치를 인정하기 때문이다.

사회라는 개념은 사회를 구성하는 개별 인간으로부터 추상해낸 것이라는 점을 인정해야 한다. 그러므로 사회의 행복을 증진한다는 것은 결국 사회 정책이 개개인의 복지를 촉진시켜야 한다는 사실을 의미한다. 복지를 촉진시키는 방법은 인간 본성을 어떻게 보는가에 따라 달라질 수 있다. 인간 본성을 물질주의적 관점에서 보면 물질 이외의 다른 요소는 도외시한 채 물질적 필요를 충족하는 데에 온통 집중하게 될 것이다. 하지만 인간 본성을 정신적인 관점에서 바라본다면 자아실현을 위해서는 물질적인 풍요 이상의 것이 필요하다는 점을 인정하지 않을 수 없을 것이다.

부처님 가르침은 인간에 대한 광범위한 개념을 제시하고 있다. 요컨대 인간은 스스로의 복지와 행복을 위해서 다양한 욕구를 충족해야 하는 복잡한 실체라는 것이다. 인간의 욕구는 중요도에 따라 뚜렷한 특징을 가진 것들로 위계를 세울 수 있는데, 이 글의 주제를 감안한다면 다음의 세 가지로 나눠볼 수 있다. 맨 아래 단계에는 생존을 위한 필수 조건인 의식주, 의료, 교통, 에너지(전기, 휘발유 등), 도구 등에 대한 욕구가 자리한다. 다음 단계는 사회적인 욕구로 교육, 가정, 우정, 개인들 사이의 친교, 사회 참여, 의미 있는 일거리 등이 포함된다. 그리고 가장 높은 단계에는 도덕적인 청렴, 정신적 향상, 인생의 진정한 본질에 대한 지혜로운 이해 같은 영적인 욕구가 위치한다.

불교 원칙을 따르는 사회에서는 모든 사람들에게 이러한 욕구들을 충족할 수 있는 기회가 제공되고, 만족스러운 삶을 살기 위해 노력하는 사람은 누구도 좌절감을 느끼지 않을 것이다. 불교적 사회 체계는 모든 구성원의 물질적 욕구 충족을 보장해 주는 데에서 시작할 것이다. 하지만 불교의 가르침에 따르면 욕구에는 위계가 있기 때문에 불교적 원칙을 따르는 사회에서는 현대 문화의 특징인 재산 축적과 감각적 쾌락이라는 저급한 단계의 욕구를 추구하도록 권하지는 않는다. 사치와 풍요를 좇는 것은 고의 근본 원인임을 밝힘으로써, 불교는 절제, 소박함, 지족을 권장한다. 베풂을 훌륭한 사람이 가져야 할 표식이자 기본적인 미덕으로 칭송함으로써 단 한 사람이라도 빈곤으로 인해 고통 받지 않도록 삶에 기본적으로 필요한 물품이 모든 이에게 분배될 수 있도록 한다.

하지만 불교에서 물질적인 충족은 더 높은 목표를 추구하기 위한 시발점일 뿐이다. 인간은 공동의 목표를 위해서 자연스럽게 모이는 사회적인 존재이며, 그렇기 때문에 불교 원칙을 따르는 사회 구조는 구성원 개개인이 효과적으로 기여할 수 있는 작은 공동체로 이루어지곤 했다. 작은 규모의 사회 조직만이 무의미하고 불길한 현대 도시 생활의 늪에서 사람들을 구해낼 수 있다. 불교적인 관점에서 보면 이 시대의 특징인 오염된 거대 도시와 기계적 관료주의는 인간에게 진정한 행복을 가져다 줄 수 있는 자연적인 질서에서 벗어나 있는 것임이 분명하다. 그것은 인간이 가지고 있는 사회 참여의 내적인 욕구를 왜곡한다. 불교적 원칙을 따르는 지역 공동체들은 대가족을 사회 통합의 일차 단위로 중요하게 여길 것이다. 가족은 불교적인 견해와 가치를 따를 것이며, 그 견해와 가치를 한 세대에서 다음 세대로 전수하는 데 기여할 것이다. 또한 위대한 〈시갈로와다 경Sigālovāda sutta〉[5]에 제시되어 있는 사회관계는 모든 사회관계의 모범이 될 수 있다. 이 경에서 부처님은 부모와 자식, 남편과 아내, 고용주와 고용인, 친구와 친구, 스승과 제자, 승려와 재가자 상호간의 책임 관계를 자세히 설명하고 있다.

이러한 사회 구조에 가장 적합한 경제는 자연 자원을 고갈시키지 않는 단순한 기술을 이용하며 소규모의 작은 지역을 중심으로 한다. 또한 주로 그 지역 주민들이 소비할 것을 생산하며, 생산자와 소비자가 서로 직접 거래할 것이다. 작은 지역 중심의 경제와 국가 경제나 세계 경제

---

5 [역주] 《장부》 31경. 재가불자가 어떻게 불교적인 윤리로 가정생활과 사회생활을 영위해야 하는가를 기술한 경.

를 연결시키기 위한 방식도 생각해야겠지만, 기본적으로 이 경제를 추진하는 정신은 상업적 이윤과 무한한 확장에 근거하는 것이 아니라 물질적 복리와 사회복지의 촉진에 근거해야 한다.

하지만 경제의 번성이나 조화로운 사회 질서조차도 인간의 마음 깊숙이 자리한 욕구, 즉 우리의 삶의 중심이 되는 궁극적인 목표나 삶의 의미에 대한 욕구, 끊임없이 닥쳐오는 어려운 결정을 이끌어 주는 행위의 지침에 대한 욕구 등을 채워줄 수 없다. 이러한 욕구를 채워줄 수 있는 것은 종교뿐이다. 여기서 의미하는 종교는 집단 정체성을 강화해 주는 유대감이 아니고 전통적으로 내려온 의례나 신조도 아니다. 요컨대 그것은 초월적인 실재로 가는 자아 변화의 진정한 길[道]을 뜻한다. 존재론적인 위계에서 초월적 실재는 가장 높은 위치에 있으며, 또한 가치의 위계에서도 그것은 우리가 가장 깊이 존경하는 정신적 가치에 해당한다.

진정한 영적 가치는 삶의 실제와 단절된 고립된 영역에 존재하는 것이 아니다. 삶의 실제에서 흘러넘쳐 존재의 모든 측면에 스며들어, 그것을 유지하면서 하나의 통일된 비전으로 최고선을 향한 방향으로 나아간다. 건전하고 안정된 사회 체계에서는 영적 비전이 경제 정책과 사회 정책을 수립하는 기준이 될 것이고, 이들 정책은 세속적인 목표를 달성하는 데 그치지 않고 초월의 영역을 목표로 하는 것을 보장해 준다. 불교가 널리 퍼진 사회에서 최고선은 열반이며, 경제·사회생활은 열반을 향해 향상할 수 있는 기회를 제공해 주는 도구로 간주될 수 있다. 열반이라는 궁극적인 목표는 금욕적인 출가의 길을 걷는 자들만이 얻을 수 있는 것일지도 모른다. 하지만 불교의 길[八正道]은 수렁 같은 일상적인 생활에까지 손길이 닿으며, 궁극적인 목표를 향해 나아가기 위한 절차를 정확하고 분명하게 제시한다. 그러므로 불교적 사회 체계에서 생계의 유지를 위한 쉼 없는 노력은 기술적인 개선이 필요한 일련의 전문적인 문제가 아니라 가장 높은 곳으로 이끌어주는 마음의 미덕을 키울 수 있는 기회로 볼 수 있을 것이다. 요컨대 불교 사회에서 '개발'의 궁극적인 의미는 계·정·혜를 '개발'해서 깨달음을 얻고, 고苦로부터 해방되는 것이다.

참된 불교적 사회 체계는 구성원에게 이러한 가능성을 열어주기 위해서 비구와 비구니의 공동체인 승가를 육성하고, 승가의 물질적 필요를 채워주려고 노력할 것이다. 그러면 출가자는 더 넓은 공동체를 부처님 가르침으로 인도할 것이며, 생산과 소비의 고리에서 벗어나 성스러운 삶에 헌신함으로써 훌륭한 삶의 모범이 될 것이다.

마지막으로 지금까지의 논의가 이론상으로는 설득력 있고 아름답지만, 실제로는 전혀 실천 불가능하고 이상적인 계획으로 보일 수도 있다. 어느 정도 동의한다. 이러한 모델을 실제로 실행시키기는 몹시 어려울 뿐만 아니라, 부와 권력을 가진 막강한 세력의 거센 저항에 부딪히게 될 것이다. 하지만 민주주의가 서서히 세계로 퍼져 나가고 있는 한 우리가 살고 있는 사회 조직의 형태를 결정하는 것은 민중, 바로 너와 내가 함께라는 점을 인정해야 한다. 어떠한 체제든 소수에게는 과다한 혜택을 주고 다수에게는 엄청난 불행과 빈곤을 가져다주는 형태로 변한다면, 그 체제가 계속되어야 할 설득력 있는 이유는 어디에도 없다. 그 체제를 지탱하는 것은 실권을 쥐고 있는 엘리트들의 뻔히 드러난 야망과 민중에게 진실을 숨기기 위해 그들이 만든 허위의 그물일 뿐이다.

오늘날 이 허위의 그물은 여러 전선에서 구멍이 나고

있다. 생태계의 재앙, 늘어나는 실업과 부당한 경제 행위, 범죄의 급증, 착취, 어디서나 드러나는 사회적 몰락 등 여러 방면에서 볼 수 있다. 세계의 인구 대부분이 살고 있는 제3세계의 경우에 특히 그러하다. 기술적인 발전과 세계 자본주의의 허상을 꿰뚫어본 다수의 사람들은 이 체제는 지탱 불가능한 것, 결국 현재 혜택을 받는 자들도 지금의 피해자만큼 해를 입을 것이라는 점을 알고 있다. 풀뿌리 조직, 반체제 문화 운동, 대안적 싱크탱크 등 여러 분야에서 금세기 지구라는 행성을 살려낼 방법을 찾고 있다. 이들에게 불교의 가르침은 이상적이며 숭고하고, 사회·경제적으로 어려운 현실에 적용할 수 있는 명료한 메시지를 제공한다. 불교 공동체는 모든 생명을 이롭게 하기 위해서 부처님 가르침을 그 드높은 영적인 경지는 물론이요, 일상생활에의 적용에 이르기까지 널리 퍼뜨릴 사명이 있다.

불교, 왜·어떻게 바뀌어야 하는가

어쩌다 스리랑카 도심에 있는 절을 가보면 신자들이 거의 다 중장년층이라는 사실에 매우 놀라곤 한다. 이들이 가끔 손자를 데리고 오기도 하지만, 전체적으로 마을과 도시의 사원에는 삶의 한창때를 누리고 있는 젊은이들이 잘 보이지 않는다. 인구의 70퍼센트가 불자인 나라에서 이런 불균형이 나타난다는 것은 심상치 않은 일이다. 불교가 세대를 이어 지속되려면 종교적 신념의 불길이 세대 간의 격차를 뛰어넘어 전수되어야 한다. 만약 사아사나[6]의 미래가 절에서는 잘 볼 수 없는 젊은이들에게 달려

---

6 [역주] 사아사나*Sāsana*: 보리수잎·여덟《불교 이해의 정正과 사邪》(2020) 41쪽〈고요한소리〉참조. '부처님께서 설하신 아홉 부류의 교설[九部經] 로서 그것은 계경·중송·수기·고기송·무문자설·본사·본생경·미증유법· 교리문답 등으로 이루어져 있다. 이와 같이 문자 그대로의 뜻으로 '사 아사나'라는 말은, 부처님이 평생 설하신 교설[一代敎說]을 통틀어 일컫 는 말이다. 그러나 일반적으로는 부처님의 가르침 또는 종교적 체계로 서의 불교를 뜻한다. 그런 의미에서 본다면 지금도 부처님의 가르침에 접하고 있는 우리는 모두 사아사나에 속해 있다고 볼 수 있다.'

있다고 하면 사아사나의 미래는 어둡다고 말할 수밖에 없다. 젊은이의 부재는, 불법의 메시지가 사람들의 마음에까지 닿지 않으며, 불법을 전수해야 할 사람들이 그 가르침을 절실하게 필요로 하는 이들에게 제대로 다가가지 못한다는 증거일 수도 있다. 이런 상태로 몇 세대가 더 지나면 불교는 보기에는 아름답지만 생명력을 잃은 스리랑카의 고대 유산인 아누라다뿌라처럼 유적으로만 남을지도 모른다.

불교 전통을 드러내는 상징과 징표들은 스리랑카 어디서나 볼 수 있다. 스님은 여전히 공식 행사에서 중요한 역할을 맡고 있으며, 거대한 불상들이 여기저기 높은 곳에서 우리를 내려다보고 있다. 거의 모든 마을에서 하루에 두 번은 스피커를 통해 예불문과 호주護呪를 독경하는 소리가 울려 퍼진다. 하지만 겉으로 드러나는 불교 신앙심의 징표들과 함께 스리랑카 사회의 모든 계층이 겪고 있는 지독한 마음의 질병으로 인한 불안감이 공존하고 있다는 것은 역설적이다. 끝도 없이 이어지는 피비린내 나는 내전으로 나라 전체가 혹독한 고통을 겪고 있으며, 공익사업장에서는 가난하고 힘없는 자들을 볼모로 한 파업이 만성화되어 있다. 살인, 강도, 강간, 마약 밀매, 미성년자 성적 착취 등등이 일상다반사가 되어 있는 사회에서 사람들은 아무리 끔찍한 범죄가 발생해도 도덕적 분노를 느끼지 못한다. 알코올, 마약, 자살이 이 고통을 벗어나는 가장 흔한 탈출구가 되었으며, 특히 빈곤층에게는 그 외에 다른 출구는 없는 듯하다. 이것을 불교가 융성하고 있다는 징표로 보기는 어렵다.

불교가 신자들의 마음속 깊은 곳까지 파고 들어가지 못하는 이유가 무엇인지에 대해 자문해 보아야 한다. 또한 현재의 이러한 추세를 되돌리기 위해서 무엇을 해야 하는지도 진지하게 물어봐야 한다. 이 물음에 대답하기에 앞서 우선 불교가 우리 생활에 어떤 역할을 해야 하는지를 질문해야 한다. 이 질문에 대한 답은 부처님의 원래 가르침에서 나온 불교의 특징적인 두 가지 방편을 살펴봄으로써 얻을 수 있을 것이다. 그 하나는 '해탈의 측면'으로, 나머지 하나는 '생활 수용의 측면'으로 지칭할 수 있다.

해탈의 측면은 부처님이 발견한 고유하고 핵심적인 길로서, 고苦로부터 해탈을 얻는 바른 길에 대한 가르침이다. 해탈의 길은 모든 고뇌의 근원은 우리 안에 있는 욕심, 증오, 무지에서 비롯되며 무엇보다도 다른 생명체와 경쟁을 부추기는 개별적 자아의식을 형성하려는 충동에서 비롯된다는 사실을 깨닫는 것에서 시작된다. 고苦에 대한 부처님의 근본적인 해결책은 '자아가 있다는 망상'을 완전히 없애는 것이다. 이렇게 될 때 부처님이 '열반'이라고 부르는 완전히 새로운 경지에 다다를 수 있다. 열반은 탐욕이라는 불길을 소멸하는 것, 즉 이기적인 갈애의 불길을 일으키는 '자아-의식'에서 벗어나는 것을 의미한다.

하지만 이 목표를 달성하기 위해서는 대부분의 사람들이 감당하기 어려운 커다란 대가를 치러야 한다. 요컨대 철저한 절제의 윤리에 바탕을 둔 엄격한 명상 수행을 행해야 한다. 훌륭한 스승이었던 부처님은 힘겨운 이욕離欲의 길을 따르지 못하는 이들에게 적합한 다른 차원의 가르침을 마련함으로써 가르침을 조율했다. 이것이 불법의 생활 수용적 측면이다. 이 길은, 궁극적인 목표인 열반에 도달하기 위해서 먼저 선행을 실천하고 공덕을 쌓으면서 여러 생에 걸쳐 차츰차츰 열반을 향해 나아가는 길이다. 물론 이 길은 단지 위안을 주거나 도덕적 가치를 심어주기 위해서 부처님이 만들어낸 훌륭한 이야기나 방편이 아니라는 점은 강조되어야 마땅하다. 이 길이, 재생이 되풀이되는 윤회의 가능성과 존재의 여러 차원에 대한 부처님의 통찰에서 나온 필수적인 불교의 가르침이라는 점을 생각하면 더욱 그렇다. 다만, 불교의 수행 체계에서 이 생활 수용적 가르침의 기능은 최종적인 것이 아니라 잠정적이며, 출세간적이라기보다 세간적이라는 사실을 명심해야 한다.

불교의 이러한 길을 생활 수용적이라고 부르는 이유는 다음의 두 가지 점 때문이다. 하나는, 열반으로 곧바로 가는 길인 엄격한 수행을 감당하지 못하는 이들의 능력과 필요에 맞게 해탈의 교리를 수용하고 있기 때문이다. 또 하나는, 이 길이 불교 신자들이 윤회하는 삶에 적응하는 데 도움이 되며 세속의 삶에서 더욱 극심한 고통, 특히 더 극악한 악도로 추락하는 것으로부터 지켜줄 수 있는 유익한 길로 인도해 주기 때문이다. 생활 수용적 측면의 불교는 보통 사람들에게 그들이 우주에서 어떤 위치를 차지하는가를 알려주는 총체적인 세계관을 제시해준다. 뿐만 아니라 한층 향상된 가치관을 가지도록 해주고 그에 맞는 도덕적인 규율을 실천하도록 하여 일상생활의 희로애락 속에서도 행복한 삶을 누리며 다른 사람들과 조화롭게 살 수 있도록 돕는다.

원래 불법의 주안점은 해탈의 길에 있었다. 하지만 불교가 인도 전역으로 퍼지고 점차 아시아 전역으로 전파되면서 두 길 사이의 균형추는 생활 수용의 측면으로 기울어졌다. 원래 해탈이라는 핵심적인 영적 가르침은 출가자에게 적합한 것이었던 반면, 스리랑카와 아시아 여러 나라에서 불교가 나라 전체의 종교가 되면서 보통사람에게 적합한 생활 수용의 길로 균형추가 기울어진 것은 어쩌면 자연스러운 일일지도 모른다. 물론 불교의 생활 수용의 길을 해탈의 길에 견주어 폄하하거나 해탈적 측면과 경쟁적인 위치에 두어서는 안 된다. 이 두 가지 길은 부처님 가르침의 목표를 이루는 데 모두 필요하다. 궁극적인 해탈로 향하는 출가의 길은 승가 안에서도 항상 소수에게 적합한 것이었다. 이에 비해 생활 수용적 길은 세계관으로서 그리고 해탈을 향한 불법을 수행할 수 있는 준비 과정으로서 많은 이들에게 필요한 것이다.

수세기에 걸쳐 생활 수용적 불교는 부처님을 최고의 스승으로 모시고, 수많은 천상계에 자비로운 신들이 살고 있는 우주 그리고 현재의 행동[業]이 미래의 운명으로 이어진다는 도덕률[因果法]이 지배하는 질서 있는 우주의 모습을 제시해 주었다. 불교의 이 측면은 복을 지으면 좋은 결과가 있다[善因善果]는 교리를 통하여 사람들에게 선행의 동기를 제공했으며, 그것은 보편적인 자애의 정신으로 표출되어 전통 불교 사회에 널리 퍼졌다.

고대에서부터 근대에 이르기까지 생활 수용적 불교가 제시한 우주의 그림은 불법을 가르치고 수행하는 기반이 되었음은 의심의 여지가 없다. 하지만 15세기 말부터 확고부동한 이 세계관을 깨뜨리려는 도전장이 저 멀리로부터 날아왔다. 도전장을 던진 유럽의 식민 세력은 대중 불교에 의지하던 사회, 정부 기관들을 차례차례 장악해 나갔다. 외세의 침략, 교회의 선교 활동, 교육의 세속화와 식민 지배 — 이 모든 것은 불자의 자부심과 불자의 삶을 지배했던 불법의 역할에 큰 타격을 안겨주었다.

이 추세는 과학적 세계관이 대두되면서 심화되었다. 과학적인 방법의 기본 원칙은 불교의 자유로운 탐구 정신과 공존할 수 있다고 해도, 과학이 들여온 물질 편향의 세계관은 불교의 영적인 전통과 충돌할 수밖에 없었다. 고전 불교는 다양한 계층의 유정물이 그들의 업에 따라서 이 세계에서 저 세계로 윤회하는 다층 우주를 제시하지만, 과학적 자연주의에서는 생명은 죽음으로 종결되는 순전히 물질적인 과정이라는 점 그리고 육체의 죽음 이후에 개인의 정체성은 그 어떠한 형태로도 남지 않는다는 점을 주장한다. 불교적인 사고는 정신을 주요한 것으로, 물질은 정신의 하위에 있는 것으로 보지만, 자연주의는 물질을 근본으로 보고 정신을 그 부산물로 본다. 불교는 도덕적, 영적인 수련을 통해서 얻을 수 있는 초세간적 실재라는 초월적인 목표를 상정하고 있지만, 자연주의는 실증적인 세계 외에는 어떤 것도 인정하지 않으며, 모든 윤리, 종교적 신조는 순전히 인간이 만든 것에 불과한 것으로 간주한다. 서양에서도 과학의 발전은 지적, 도덕적 자유에 대한 욕구와 더불어서 기독교를 서양의 사고에서 차지하고 있던 지배적인 자리에서 끌어내리는 역할을 했다.

하지만 전통적인 불교 세계관과 그에 따른 가치관을 위협하는 것은 현대 과학의 이론이 아니다. 실제로 20세기 초 불교 사상가들은 기독교 승리주의자와 싸우는 데 과학 이론을 동맹으로 삼았다. 요컨대 전통 불교 가치관이 난관에 처하게 된 것은 과학 이론 때문이 아니라 그것의 실질적인 활용, 즉 이윤을 추구하는 자유 시장 경제에서 과학 기술의 활용 때문이다.

과학 기술과 자유 시장의 결합은 물질적 풍요와 감각적인 쾌락이 가치 있는 인생의 목표라고 전제하는 탐욕스러운 소비주의 문화를 낳았다. 광고와 대중 매체에 의해서 활성화된 소비주의 문화는 사람들의 삶에 실제로 영향을 미치는 영성靈性을 위협하는 가장 큰 단일한 힘이다. 도시에서 소비주의 문화는 부유한 엘리트층을 방종한 쾌락주의라는 구름 속에 가둔다. 지방과 도시 빈곤층에게 텔레비전, 라디오, 영화에서 보이는 화려한 모습은 시기심, 분개심, 절망감을 자라게 하는 온상이 된다. 이러한 상황에서 알코올 중독, 마약 중독, 자살, 폭력적인 범죄의 급격한 증가는 그다지 놀라운 현상이 아니다.

또한 이러한 세계관과 가치관의 충돌은 사찰 불교에서 왜 젊은 세대가 보이지 않는가를 설명해 준다. 오늘날 사찰에서 불교를 전하는 방식, 즉 분위기, 특색, 어감 등은 중세의 생활 수용적 불교의 세계관에 뿌리를 두고 있다. 이러한 방식은 고상하며 특유의 매력이 있고, 심지어 그 나름의 진정성이 있지만 현대의 젊은이들에게 불법의 가르침을 전하는 방식으로는 턱없이 부족하다. 사찰 불교의 가르침은 이미 사라져 버린 문화에서 나왔다. 그 시대에는 역할이 분명히 구분되어 있었고 모든 것이 온전하고 명료하며 친숙하게 각자 제 위치를 차지하고 있었다. 하지만 현대 세계는 눈부시게 빠른 속도로 변화하고, 관심을 끌기 위한 수많은 저돌적인 목소리들이 서로 경쟁하고, 웬만한 주장은 설자리가 없는 그런 곳이다. 우리는 이러한 세계 속에서 숨 쉬며 살아가고 있다. 이런 세계에서 자신의 자리를 찾기 위해 고군분투하는 사람들에게 안일함에 빠져 있는 사찰의 불교는 더 이상 마음을 열어 주고 빛으로 채워 주는 깨우침의 '법'으로 역할을 하지 못한다. 물론 종종 신앙심을 일깨워 줄 수는 있지만, 일상생활에서 맞닥뜨리는 문제를 해결하는 데 아무런 보탬이 되지 않는 과거의 유물이 되어버렸다.

이러한 세계관의 충돌에 대응하는 한 가지 방법은, 과거로 돌아가는 방어적 자세를 취하여 고대의 문화, 종교 유산을 현대화의 습격으로부터 차단하고 모든 면에서 불교가 현대 문물보다 우월하다고 주장하는 것이다. 이것은 근본주의적인 자세이나 적극적인 자세는 아니고, 현대에

창의적으로 적응하기보다는 과거로의 후퇴를 선택하는 것이다. 이 관점에 의하면 현대 문화는 본질적으로 불법을 위협하며, 따라서 이 소중한 가르침을 지키는 유일한 방법은 최소한의 변화만을 받아들이고 현대 문물을 거부하는 것 그리고 과거의 전통과 유산을 보존하는 것이다.

그러나 어떠한 유기체든 살아남기 위해서는 환경의 변화에 적응해야 한다. 새로운 환경을 거부하고 과거를 보존하기 위해 투쟁한다면 '석화'될 위험에 처한다. 즉, 불교를 사용처는 없고 헌신적인 신심만을 불러일으키는 낡은 골동품으로 여기게 될 위험이 있다는 것이다. 전통만을 고집하는 불교 집단에서는 이러한 태도가 성행했다. 젊은 세대가 불교에서 멀어지게 된 것은, 불법의 영적인 전망을 특정 문화와 사회 질서에 결부시키는 이 고집스러운 보수주의에도 어느 정도 책임이 있다.

하지만 과거로의 회귀가 불법의 쇠퇴를 막고 불법을 지키는 유일한 방법은 아니다. 구태에 젖은 신앙심은 불교의 껍데기, 겉모습만을 보존할 뿐 그 안의 생명력을 무력화시킨다. 우리에게는 세계관의 충돌에 대응하기 위한 더 긍정적인 접근법이 남아 있다. 현대 사회가 반드시 불법의 죽음을 가져온다는 결론을 내리지 않는 것이다. 이러한 관점에서 보면 현재 불교문화의 위기는 일종의 정화 작용으로 볼 수 있다. 정화를 통해서 겉겨와 쌀을 분리하면 부처님 가르침의 어떤 부분이 시대를 뛰어넘어 진정성을 발휘할 수 있는지를 발견할 수 있는 기회를 얻을 수 있다. 이것은 불교의 강조점을 전환해야 함을 의미한다. 즉, 생활 수용적인 차원을 지나치게 강조하는 것에서부터 해탈적인 측면을 강조하는 것으로의 전환이다.

이러한 강조점의 전환을 말하는 것이 물론 전통적인 불교 세계관이 잘못되었으니 그것을 버리고 현대 과학이 제안하는 순전한 자연주의적인 시각을 가져야 함을 의미하지는 않는다. 불교 전통에 스며 있는 피할 수 없는 신화적인 요소를 감안하더라도 마음이 가장 중요하다는 점 그리고 상상할 수 없는 광활한 실재의 차원들을 인정하는 불교적 세계관이, 과학적 방법을 정해진 영역을 넘어 잘못 적용하여 제시한 그 무미건조한 세계관보다는 깊은 철학적인 성찰에 더 적합하다고 생각한다. 여하튼 부처님 가르침의 탁월한 점은 다른 어떤 우주관에서도 볼 수 없는 해탈이라는 핵심적 가르침에 있다. 어떤 우주관을 받아들이든, 부처님 가르침의 가장 인상적인 특징은 각자의 가장 근본적인 관심사를 즉각 검증할 수 있는 방식으로 직접 확인할 수 있다는 데에 있다. 현재 상황에서는 아무리 물질적으로 풍요로워지고 양껏 소비하고자 하는 꿈이 이루어지더라도 그것으로 진정한 행복에 이를 수는 없을 뿐더러 오히려 공허함만 커지고, 더 큰 충족감에 목말라하게 된다는 사실을 인정할 수밖에 없다. 그렇게 해서 우리는 해탈을 추구하는 불법 속에 간직되어 있는 진리인 '갈애가 모든 고의 원천'이라는 핵심적인 진리를 알게 된다. 또한 우리는 갈애의 끝없는 애원에 굴복해서는 고苦로부터 해방될 수 없고, 오직 자기가 어떤 존재인지 알고 변화하는 것을 목표로 한 체계적인 수행을 통해서 자기 마음의 주인이 되는 것만이 유일한 길이라는 사실을 알게 된다.

제도화된 불교가 앞으로 수십 년 동안 어떤 방향으로 나아갈지 예측하기는 어렵지만, 오늘날 불법의 진정한 중흥을 예견하는 몇 가지 중요한 움직임을 확인할 수 있다. 하나는 소비주의가 가져다준다던 축복에 대한 환멸이 고개를 들기 시작했다는 것이다. 행복을 쇼핑몰에서 살 수 없다는 사실을 깨닫게 될 때 인생에서 더 참된 의미, 즉 외부 조건에 휘둘리지 않는 평온과 행복을 찾으려는 절박한 욕구가 우리 안에서 일어날 것이다. 명상이라는 쉽지 않은 수행은 전통적으로 승가의 영역이라 여겨졌지만, 최근에 명상을 하려는 재가불자가 늘어나고 있다는 현상 역시 그 증거로 볼 수 있다. 이러한 불자들에게는 불교 수행이란 전통적 의례의식을 따르는 것이라기보다는 혼자서, 또는 마음이 맞는 소수와 함께하는 내적인 수행이다.

그래서 수백 년 동안 생활 속 불교, 즉 생활 수용적 불교 차원에 매몰되었던 불법이 물질주의의 충격으로 인하여 본래의 해탈 추구의 불교로 되돌아가게 된 셈이다. 다만 옛 시대의 주된 가르침이 윤회에서 벗어나는 것에 있었다면, 오늘날 강조해야 할 점은 불법 수행을 함으로써 지금 여기에서 누릴 수 있는 혜택에 있다. 자신에 대한 이해와 마음에 대한 통제력이 커짐으로써 얻게 되는 행복과 만족감이 바로 그것이다. 물론 이는 재생론이나 윤회로부터의 해방이라는 최종 목표의 진실성을 의심하는 것이 아니다. 오히려 이 최종 목표가 우리에게 의미와 타당성을 갖기 위해서는 먼저 일상생활이 자신에 대한 이해와 마음의 통제력에 의해서 정리되도록 해야 한다는 것이다. 그렇지 않으면 오늘날의 생활 속 불교에서처럼 그 목표는 이상주의적인 꿈에 그칠 것이다.

하지만 개개인이 마음의 평화를 추구하는 것만으로는 앞으로 다가올 시대에서 불법*Dhamma*이 온전한 역할을 다할 것이라고 말할 수는 없다. 지금 우리는 전체 인류, 아니 어쩌면 생명의 집합체인 지구의 미래가 달려 있는 역사적인 기로에 서 있다. 빠르게 정보를 실어 나르는 대중 매체와 신속한 이동 수단으로 인하여 세계 각지의 사람들은 하나의 큰 가족 공동체를 형성하게 되었고, 이에 따라 개개인 모두가 전체 – 인간뿐 아니라 모든 생물의 공동체 – 의 행복에 대해 일정한 책임을 지게 되었다. 그러나 한편 과학기술은 모두에게 꽤 괜찮은 삶을 제공할 수 있을 만큼의 발전을 이룬 반면 엄청난 규모의 중대한 문제도 안겨 주었다. 요컨대 인류 미래에 빈곤, 전쟁, 기아, 착취, 불의라는 어두운 그림자를 드리우고, 이로 인해 불만이나 문제가 해결되기는커녕 불만을 말로도 꺼내지 못하는 수많은 희생자들이 양산되고 있다.

이런 정치, 경제, 사회, 생태계의 문제는 시급히 해결되어야만 하며, 오늘날 모든 종교가 나서서 떠안아야 할 주요한 임무 중 하나는 바로 인류 양심의 목소리를 대변하는 일이다. 이런 문제를 일시적인 것으로 보고, 정치·사회적 개혁만으로도 쉽게 해결할 수 있다고 생각하는 것은 그 문제들의 저변에 숨어 있는 맹목적이며 완고하고 치명적 결과를 초래할 수 있는 이기주의를 보지 못하는 우를 범하는 것이다. 종교의 본질적인 역할은 바로 이러한 악에 대처하고 바로잡는 것이다. 과거에는 종교가 통합보다는 분열의 계기가 되는 선동적인 세력이 되었던 경우가 많았고, 이러한 경향은 오늘날 세계 전역에서 파문을 일으키는 다양한 형태의 종교적 근본주의에서 여전히 나타나고 있다. 하지만 위대한 영적인 전통의 핵심에는 인류의 통합이라는 인식이 담겨 있으며, 이는 곧 자애와 연민이 이끄는 삶이라고 말할 수 있다. 우리가 시급히 살려나가야 할 것은 분열적 요소가 아니라 바로 종교의 통합적 측면이다.

글로벌한 세계의 미래를 위해 불교가 수행해야 할 임무 중 하나는 심각한 사회, 경제, 정치적 문제를 해결하기 위한 종합적인 비전을 제시하는 것이다. 종교와 정치를 섞는 것이 아니라, 문제를 발생시키는 우리 의식 속의 고착된 파괴적인 관념이 무엇인가를 정확하게 진단하는 것이다. 즉, 탐욕, 증오, 무지처럼 고를 불러오는 번뇌가 어떻게 집단 단위의 사회 체계에 자리를 잡게 되는지를 밝히는 것이다. 이런 체계의 해롭고 억압적인 속성을 밝히는 데서 그치는 것이 아니라 이에 대한 신선한 대안을 찾아내야 한다. 정치·경제·사회 정의를 확실하게 지키고 자연환경을 보전하며, 영적인 잠재력을 실현할 수 있는 새로운 사회 체계와 인간관계에 대한 새로운 관점을 제시해야 한다.

이것이 대규모 작업이라는 점에서 불교에는 새로운 도전이라고 말할 수 있지만, 어느 면에서는 고苦의 원인과 그 해결책에 대한 부처님의 통찰과 직면해야 한다는 점에서도 도전이다. 또한 부분적으로는 부처님의 가르침을 이 시대의 고유한 문제에 적용하기 위해서는 창의적으로 생각할 필요가 있다는 점에서도 그렇다. 요컨대 불법의 해탈적 차원을 집단적, 세계적으로 적용할 방법을 찾고 확장시켜야 한다는 것이다. 이 과정에서 불자들은 같은 목표를 가지고 있는 다른 종교의 지도자들과 협력해야 한다. 각 종교는 차이점이 있기 마련이다. 하지만 사회와 공동체가 겪고 있는 심각한 문제는 맹목적 이기심에 기인한 근본적인 어리석음에 근원을 두고 있다는 사실에는 서로 동의한다. 이러한 무지는 개인의 수준에서 나타나기도 하고, 확장되면 인종의 정체성, 국가의 정체성으로 드러나기도 한다.

위대한 종교 전통의 입장에서 보면 인류가 스스로를 구원하고 지구상에서 자신의 지위를 유지하기 위해서는 편협한 이기적 목표에 대한 집착을 버리고 우주의 근본 법칙, 즉 시간을 초월한 불법*Dhamma*에 걸맞도록 우리의 삶을 재조정해야 할 것이다. 부처님 가르침에 의하면 우리가 진정한 선善을 이루기 위해서는 '개인'의 입장을 넘어선 '모두'의 안녕에 마음을 기울여야 한다. 이 가르침은 어느 한 종교의 원칙이 아니라, 선의를 가진 사람이면 누구나 이해할 수 있는 원칙이다. 자신을 제어하는 삶을 살아갈 수 있는 길, 우리가 이 새로운 세기를 시작함에 있어 절실하게 요구되는 지혜와 자비심을 불러일으키는 길을 불교는 명쾌하게 제시하고 있다.

기로에 선 승가⁷

오늘날 스리랑카의 불교가 미래를 향한 불확실한 갈림 길에 서 있음은 의심의 여지가 없다. 불교가 직면한 문제는 불자의 영향력이나 수가 얼마나 되느냐의 문제가 아니라, 과연 불교가 이 시대에 시의적절한 종교인가 하는 점이다. 부처님의 가르침인 불법 자체가 의의를 잃었다는 말이 아니다. 다시 말하면 역사의 우여곡절이나 변화하는 문화의 물결도 사성제와 팔정도에 깊이 새겨져 있는, 시간을 초월한 메시지를 가릴 수는 없다. 가르침 자체에 문제가 있는 것이 아니라, 그 가르침에 생기를 불어넣을 책임이 있는 이들에게 문제가 있다는 뜻이다. 책임 있는 역할을 해야 할 이들에게 부족한 것은 이해, 결의, 전달의 세 가지 능력으로 요약할 수 있다.

---

7 이 원고의 초고는 스리랑카 콜롬보 청년불자협회(YMBA) 100주년 기념 특별판《불자*The Buddhist*》(1998)에 발표된 바 있다.

1) 이해: 과거에 굳건했던 것들이 폭풍 속의 나뭇잎처럼 흩어지는 오늘날의 혹독한 현실 세계에서 부처님의 가르침이 어떻게 적용되는지에 대한 투철한 이해를 의미한다.

2) 결의: 이미 확립된 전통의 틀을 깨더라도 기꺼이 불교의 가르침을 본래의 의도대로 지켜 나가겠다는 결연한 의지를 뜻한다.

3) 전달: 틀에 박힌 '설교'나 달콤한 위안, 종교적 안식 따위를 주는 것이 아니라, 시간을 초월한 불법*Dhamma*이 어떻게 이 시대 특유의 난제를 해결할 수 있는가에 대해 냉철하고 확실하게 설명할 수 있는 능력을 말한다.

우리 앞에는 미래를 향한 세 가지 길이 놓여 있다. 첫째는 사아사나의 쇠퇴를 슬프지만 어쩔 수 없는 역사의 퇴보로 받아들이고 감수하는 것이다. 둘째는 정부, 승려, 소수 민족에게 책임을 돌리면서 개탄하고 불평하는 것이다. 셋째는 밀려오는 변화의 물결을 막기 위해서 우리가 무엇을 할 수 있는지 스스로 물어보는 것이다. 세 번째 길을 선택한다면 먼저 알아 두어야 할 사실이 있다. 사아사나는 이상적인 영역에 있는 것이 아니라, 스스로 불자라 여기며 삼보에 귀의한 수백만 신자들의 마음속에 구현되어 있다는 것이다.

이 말은 진부하지만 당연한 것처럼 들린다. 하지만 조금 더 생각해 보면 당연하게 들리는 이 말에 굉장히 중요한 의미가 담겨 있다는 것을 알 수 있다. 이 말은 결국 우리가 사아사나의 흥망을 책임지고 있다는 뜻에 다름 아니다. 사아사나가 꽃을 피울지 시들어버리고 말지는 우리의 견해, 태도, 행동에 달려 있다는 것이다. 요컨대 사아사나를 잘 살리는 책임은 어떤 정부 부처나 종단에게 있는 것이 아니라 우리 모두의 어깨 위에 놓여 있다. 몸의 건강이 세포의 생명력에 달려 있듯이, 사아사나의 힘도 결국 불교라는 생명체의 세포인 우리 자신에게 달려 있다.

이 글에서는 스리랑카의 특정 불교 집단 한 곳에 초점을 맞추어 서술할 것이다. 바로 승려의 교단인 비구 승가이다. 이들이 직면하고 있는 문제 그리고 미래의 전망을 간단하게나마 짚어보고자 한다. 승가가 사아사나의 방향을 제시하는 데 중추적인 역할을 맡고 있는 만큼 이 작업은 특별히 중요하다. 만일 승가가 현대 사회를 뒤덮고 있는 엄청난 힘에 대처하지 못한다면, 앞으로는 서서히 이 사회에서 퇴장당하고 말 것이기 때문이다.

불교 전통에는 승가와 일반 불자 상호간의 임무가 세세하게 정의되어 있고, 이것이 사아사나의 기초적인 틀이 된다. 승려는 공부, 수행, 설법, 도덕적 삶의 모범이 됨으로써 부처님의 가르침을 지키는 임무를 맡고 있으며, 일반 신자는 네 가지 필수품인 의식주의衣食住醫로 승려들을 뒷받침하는 임무를 맡고 있다. 이러한 두 공동체 간의 밀접한 관계를 기초로 하여 수백 년 동안 사아사나는 지속될 수 있었다. 스리랑카 불교 역사가 흥망성쇠를 거듭하는 동안 때로 제대로 된 승가를 찾을 수 없을 정도로 불교가 쇠한 적도 있었지만, 불교가 번창했던 시기에는 항상 승가와 재가자의 관계가 그 활력의 원천이 되었다. 사회적 역할이 확실히 정해져 있고, 공동의 종교적, 도덕적인 기준이 생활환경을 지배하던 안정적인 농경 사회에서는 서로 도움을 주는 승려-재가자 관계가 잘 유지될 수 있었다. 그러나 오늘날 이런 환경은 급격하게 변해 버렸다. 기하급수적으로 발전하는 과학기술과 무자비한 자유 시장 경제가 이끄는 글로벌한 문화가 이 나라 구석구석에 영향력을 발휘하면서, 자신들의 패권을 가로막는 모든 방해물을 무너뜨리고 있다. 결과적으로는 정치·경제적 권력의 중심에서부터 가장 외진 촌락과 사원에 이르기까지 사회 체계 전체가 격변을 겪고 있다.

현대화의 맹공은 생활 외적인 부분에서 승리를 거둔 것은 물론이요, 우리의 가치관, 세계관, 개인의 정체성 등 삶의 가장 깊숙한 곳까지 파고들었다. 그 결과 일반 불교 신자는 방향 감각을 심각하게 상실하고, 오래되어 익숙한 판단 기준이 더 이상 적용될 수 없는 낯선 환경에서 고립된 느낌을 지울 수 없다. 뒤를 돌아보면 과거에는 편안하고 확실한 것이 있었지만 그것은 더 이상 잡을 수 없으며, 앞을 내다보면 더욱 더 예측할 수 없는 미래가 있을 뿐이다. 하지만 현재의 혼란 속에서도 불법은 여전히 우리를 짓누르는 문제에 대한 명확한 해답을 제시하고, 살아가며 겪는 긴장과 압박감으로부터 안식을 줄 수 있는 안정적인 지침으로 작용하고 있다.

바로 이 점이 우리가 답해야 할 문제의 핵심이다. 즉, '시의 적절성'의 문제이다. 다시 말해 포스트모던 시대를 항해하면서 직면하는 특유의 어렵고 복잡한 문제를 다룰 수 있는 언어로, 시간을 초월한 부처님 가르침의 메시지를 전달하는 문제이다. 오늘날 사아사나가 직면하고 있는 가장 중요한 과제는 '새로운 세계 질서' 속에서 이름과 형체만 남아 있는 제도로서가 아니라, 보편적인 인간 가치의 회복에 기여하고 많은 중생들이 지적, 도덕적 혼돈에서 빠져나올 수 있는 길을 열어주는 제도로 살아남는 것이다. 바로 이 점에서 승가의 역할은 참으로 중요하다. 왜냐하면 비구, 비구니(감히 덧붙이지만)[8]들은 '이 미쳐버린 세계'에서 납득할 수 있는 안식, 즉 탐욕, 분쟁, 폭력의 폭풍 속에서 건전한 정신, 사심 없는 선심 그리고 마음의 고요함을 보여줄 수 있는 능력이 있어야 하기 때문이다. 하지만 우리에게는 이런 면이 터무니없이 부족하다. 오늘날의 승가는 이 도전에 맞설 준비가 전혀 되어 있지 않은 것처럼 보인다.

내 생각에 가장 절실히 필요한 것은 불교 정체성의 재확립이나 '불교 위상에 자긍심을 주는' 정부 정책이 아니

---

8 [역주] 스리랑카의 경우 비구니 사원도 있고 비구니가 신도에게 법을 설하기도 하지만 아직 공식적으로 테라와다 계맥을 이은 비구니 승단은 없다.

다. 부처의 조형물을 더 세우고 예불문 독경 소리를 공중 스피커로 매일 튼다고 해서 사아사나에 절실히 필요한 새로운 인재들이 유입되지는 않는다. 지금 요구되는 것은 지성, 통찰, 감성을 갖춘 비구와 비구니이며, 이들은 자신의 인격과 삶의 모습을 통해서 마음을 고매하게 하고 영적으로 고양시키는 불법의 힘을 증명해 보여줄 수 있어야 한다. 이러한 수준의 도량을 갖춘 승려들을 양성하는 것이 쉬운 일은 아니지만, 그렇다고 운에 맡길 수만은 없다. 무엇보다도 출가자를 받아들이고 교육시키는 체계를 근본에서부터 개혁할 필요가 있고, 따라서 승가의 원로들은 진지하게 고민하여 신중하게 이 문제에 접근해야 한다. 이 문제에 이 나라 불교의 미래가 걸려 있다고 말해도 조금도 과장이 아니니 절대로 가볍게 여겨서는 안 될 것이다.

스리랑카 정부가 최근에 교육 정책을 개편하기 위해 국가 전체의 교육 체계를 점검한 것처럼, 승가에서도 그와 같은 개혁이 실시되어야 한다. 승가의 교육 체계와 기독교 신학교의 교육 과정을 비교해보면 그 차이가 뚜렷하다. 신학교에서는 예비 신부와 수녀들이 라틴어, 신학, 성서에 대해서 배울 뿐만 아니라, 타종교에 대한 평가·비교 등을 포함해서 오늘날 세계를 선도하는 역할을 하도록 모든 현대 지식 분야에 대해서도 교육을 받는다. 내가 알기로는, 삐리웨나(스리랑카 불교 강원)의 젊은 비구(비구니는 없음!)들은 16세기 때와 별반 다르지 않은, 불교문화를 지킬 수 있는 정도의 마을 승려가 되는 교육을 받고 있다. 삐리웨나 교육의 맹점은 이 교육을 받은 승려가 천문학자, 정신과 의사, 컴퓨터 분석가, 비판적인 학문을 공부한 재가 불교학자 등이 포함된 청중에게 설법할 때 확연하게 드러난다. 청중이 지루한 표정을 지으며 서로 마주보거나 천장을 보면서 시간을 때우는 것은 그다지 놀라운 일이 아니다.

이제 생각나는 대로 몇 가지 제안을 해보고자 한다. 승가의 행정 그리고 비구와 비구니의 수련을 직접 책임지는 이들은 체계적인 학습 계획을 세워야 한다. 나는 비구의 생활 방식과 수련에 익숙하므로 일단 비구의 경우에 대해서만 이야기할 것이다. 하지만 제안하는 개선점은 비구니의 경우에도 해당될 수 있다. 왜냐하면 완전한 양성 평등을 향해 빠르게 변화해 가는 세상에서 비구니의 지위, 교육, 역할을 과감하게 바꾸어 발전시켜야 그나마 불교는 체면치레라도 할 수 있기 때문이다.

비구의 경우, 승가에 들어오는 첫 단계부터 과감한 변화가 필요할지도 모른다. 지금의 승가에서는 주로 스스로 결정을 내릴 만큼 충분히 성숙하지 않은 어린아이들을 받아들인다. 많은 경우에는 복을 지으려는 부모가 자식을 승가에 '바친다'. 그 아이들이 종교 생활에 잘 적응할 수 있다면 이 체계는 결과적으로 사아사나에 도움이 될 수 있다. 과거에는 주로 집에서 가장 뛰어나고 총명한 아이들이 절집에 맡겨졌던 것이 사실이다. 하지만 오늘날 절에 보내지는 아이들은 대개 사회에서 성공하기 어려워 보이는 아이들, 즉 불량아, 반항아, 머리가 둔한 아이들이 대부분이다.

어린아이를 승가에 들이는 체계는 스리랑카 불교문화에 깊이 뿌리를 내린 전통이며, 그렇다고 그 체계를 없애자고 주장하는 게 아니다. 이 체계에는 문제점도 있지만 장점도 있다. 우선, 속세의 유혹에 노출되기 전에 젊은이들을 출가의 길에 들어서게 할 수 있다. 이는 엄한 출가 생활을 견뎌낼 수 있게 해주는 내적인 순수함과 이욕을 어린 나이부터 키워나가는 데 도움이 된다. 또 한 가지 이점은 아직 순수하고, 마음이 열려 있고, 수용력이 풍부하고, 기억력이 좋을 때 불법과 빠알리어와 산스크리트어 같은 경전 언어를 공부할 수 있다는 것이다. 이 점은 전통적으로 교양 있는 승려의 특징인 깊은 학식을 쌓는 데 도움이 된다.

어린아이를 승가에 받아들이는 제도를 없애야 한다고 주장하는 것은 아니지만, 좀 더 엄격한 선발 기준을 세운다면 승가를 크게 향상시킬 수도 있을 거라고 생각한다. 당장 시행할 수 있는 제도로는 수행자에게 사미계를 주기까지의 기간을 늘리는 방안을 들 수 있다. 예를 들면, 승가에 들어오려는 사내아이들을 반드시 수련소에서 2~3년간 지내게 한 다음 사미계를 주는 방법을 생각해볼 수 있다. 이렇게 하면 승가의 원로들이 다양한 상황에서 그들을 더 가까이서 살펴볼 기회가 생기고, 따라서 승려 생활에 부적합한 아이들을 가려내기가 수월할 수 있다. 이 방안을 실행하기 힘들다면 다른 선별적인 절차를 도입할 수도 있다. 어떤 방안을 택하든지 간에 수행자를 선발하는 기준은 엄격하되 비인간적이지는 않아야 하며, 원로들은 부적합한 후보들을 주저 없이 돌려보내야 한다. 불교에 관심 있는 불자나 스리랑카 안팎의 비불자 모두가 승려들의 행동을 보고 법을 따라야 하는가, 아닌가를 판단한다. 인정하기 괴롭지만 한 가지 분명한 사실은, 이들의 눈에는 노란 가사를 입고 있는 많은 젊은이들이 그에 합당한 자격을 갖춘 것으로 보이지 않는다는 점이다. 합당한 자격을 갖추지 못한 승려들은 훌륭한 승가의 이름에 먹칠을 하고 불교 자체를 욕되게 할 뿐이다.

출가하려는 이들을 엄격하게 선별하는 것은 승려 생활에 부적합한 이들이 승가에 들어올 수 없도록 차단하는 첫 단계일 뿐이다. 이 과정과 마찬가지로 계를 받을 자격을 갖춘 이를 한층 더 건전하고 균형 있게 발전하도록 촉진하기 위한 수련 과정 역시 필수적이다. 이 단계는 매우 중요하다. 승려 생활을 할 수 있는 잠재력이 있는 젊은이들이 제대로 된 교육을 받지 못한다면 그들은 승가에서 성취감을 느끼지 못하고, 성취감을 얻지 못한다면 승려로서의 미래는 위태로워질 것이다. 이들은 승가에 환멸을 느껴 속세로 돌아가거나, 아니면 환속이라는 오명이 두려워 떠나지 못하고 끊임없는 불만과 좌절감 속에서 승려 생활을 이어가게 될 것이다. 이 점은 오늘날 많은 젊은 승려들이 정치, 사업 등 승려로서 적합하지 않은 여러 활동에 참여하는 이유를 설명해 주기도 한다.

젊은 승려가, 속세에 있는 또래 젊은이들처럼 즉각적인 만족감을 얻지는 못하더라도 자신이 선택한 삶의 의미와 행복을 찾게 해주는 것은 무엇보다도 중요하다. 불법을 통해서 진정한 기쁨을 찾는 승려가 극소수인 것은 불법을 가르치는 방법에 문제가 있기 때문이 아닌가 싶다. 불법이 젊은 승려를 성스러운 삶의 한가운데로 끌어당기는 매력적인 힘을 발휘하려면, 내면의 깊은 단계에서 그들의 욕구와 열망을 채워줄 수 있어야 한다. 요컨대 그들이 즉각적이고 진실되고 자발적으로 반응하도록 불법이 제시되어야 한다.

재가불자들은 승가 내부의 무질서에 대해서 불평하면서 승가 원로들에게 제자들을 더 엄격하게 다스려달라는 요청을 빈번이 한다. 물론 기강 해이의 문제를 간과해서는 안 되며, 계율을 더 엄격하게 지켜야 한다는 것에는 동의한다. 다만, 기강 해이는 원인이라기보다는 겉으로 드러나는 증상이라는 점은 짚고 넘어가야겠다. 엄격한 규율을 말하기에 앞서 먼저 필요한 것은 활력으로 넘치는, 원대한 '영적으로 다시 태어남'이다. 이것은 위에서 기강을

잡으라고 지시한다고 해서 해결되는 문제는 아니다. 오히려 역효과가 날 수도 있다. 수행의 질을 근본적으로 변화시킬 수 있는 여러 방안과 함께하지 않는다면 사원은 문 열린 감옥이 될지도 모른다. 문 열린 감옥에서의 승려의 삶은 해탈의 길이 아니라 종신형을 선고받고 갇혀 있는 삶처럼 느껴질 것이다. 진정한 규율은 가치에 대한 올바른 이해와 존중 속에서 자유롭게 실천되어야 한다. 또한 이것은 규율이 두려움과 불만을 일으키는 쇠사슬이 아니라 기쁨과 내적인 자유의 원천이 될 때 비로소 가능해진다.

승가가 힘과 활력을 다시 찾으려면 수계자들이 승려의 삶에서 의미 있는 역할을 찾을 필요가 있다. 이 역할은 두 개의 상반되는 요구를 해결해야 한다. 한편으로는 부처님이 직접 승가에 내린 본래의 이상에 충실해야 한다. 이 이상은 승려라는 직분이 달성해야 할 주된 목표이다. 다른 한편으로 현대 사회의 유동적인 현실에 대응할 수 있어야 하고, 승려 자신이 사회와의 관계에서 진정으로 의미 있는 역할을 맡고 있다고 느껴야 한다.

마지막 부분이 특히 중요하다. 이미 말한 것처럼 오늘날 스리랑카 사회는 모든 방면에서 격변하고 있고, 그 결과 승려는 애매한 처지, 즉 '이중의 곤경'에 처해졌다. 불법의 입장에서 자신의 지위를 살펴보면, 자신이 불교 정신의 으뜸, 세상의 복전福田인 고귀한 승보의 살아 있는 분신이라는 사실을 발견할 것이다(적어도 이론상으로는 그렇다). 하지만 현대 사회와 관련해서 보면 자신이 시대착오적인 오래된 유물로 느껴질 것이고, 자신의 신분과 역할에 대해 심각하게 의문을 품을 것이다. 이렇게 상반되는 입장은 견딜 수 없는 내적 긴장 상태를 일으킬 수 있다. 그 긴장을 해소하는 하나의 출구는 케케묵은 전통주의자의 입장이 되어 고집스럽게 변화를 거부하는 완고한 보수주의자들의 대변인이 되는 것이다. 또 다른 출구는 이와는 정반대 방향을 취하는데, 바로 불법을 포함한 모든 권위에 저항하는 것이다.

사미승의 수련을 마치고 승가에 삶을 바칠 것을 맹세한 젊고 능력 있고 똑똑하고 정직한 승려들이 부닥치는 딜레마에는 바로 이런 양면성이 잠재되어 있다. 마음으로 들어보면 그들이 대놓고 표출하지 못하는 문제가 무엇인지 알 수 있을 것이다. "우리는 경제 발전의 추구에 눈이 먼 세속화된 나라의 변방으로 떠밀려난 채, 감성적인 신앙심으로 기대오는 신자들을 위한 상징물에 불과한 삶을 살아갈 것인가? 아니면 끝없이 긴 탁발 행렬, 예불문과 호주護呪 독경, 의례적 보시 받기 등등 매일 똑같은 행위를 반복하면서 실질적인 삶의 현장에서는 멀리 떠밀려, 골방의 종교적인 장식물 역할을 하며 그렇고 그런 날들을 보내야 할 것인가? 그저 신자들의 신앙심을 건드려 일깨운답시고 그들이 이미 수백 번도 더 들은 법문을 계속 되풀이할 것인가?" 수많은 젊은 승려들의 반항적이고 완고한 태도는 이런 운명에 대한 조용한 시위로 보인다. 그들은 "승려는 어떠해야 한다는 남이 만들어놓은 이미지를 거부하자. 우리의 양도할 수 없는 인간성을 사회적인 기대라는 제단에 희생물로 바치지 말자"라고 말하고 있는 것이다.

이런 의중을 제대로 파악한다면, 분개할 것이 아니라 연민으로, 돕고자 하는 진실한 마음으로 반응해야 한다는 것을 알게 된다. 승가를 도우려는 이들은 섣부른 비난과 규탄을 자제해야 한다. 그보다는 이 젊은 승려들의 열망을 이해하려고 진심으로 노력하고, 그들 인생에 의미와 가치를 부여해줄 수 있는 세계관을 찾을 수 있도록 도와주어야 한다. 그럼으로써 출가는 결국 옳은 선택이었다는 것을 재확인시켜 주어야 한다. 사원 수련의 전 과정을 점검하는 가장 중요한 절차는 승가의 원로들이 맡아야 할 것이다. 다만, 그 어떤 것보다도 유념해야 할 점은, 현대 사회에서 의미 있는 승려의 역할을 찾는 과정에서 절대로 승려의 본분을 거역하는 생활을 해서는 안 된다는 점이다. 이 말은 승려가 끝없는 당파 정치 분쟁에 끼어드는 정치 활동가, 삭발한 사회 봉사자, 세속적 인문과학의 전문가가 되어 사회에 자신의 흔적을 남기려고 해서는 안 된다는 말이다. '승려의 삶을 정의하는 가장 중요한 특징은 출가[離欲]'에 있으므로 사회에서 의미 있는 역할을 찾고 싶다고 해서 출가의 진정한 의미를 등한시해서는 안 된다. 제대로 실천만 한다면 출가의 삶 그 자체로서 의의는 충분히 있다. 진정한 선善을 어디에서 찾을 수 있는지를 매 순간 일깨워주는 사람이라는 점이 바로 그것이다.

사원의 수련 제도에 어떤 변화가 필요한지에 관해 통찰을 얻기 위해서는 다음 질문을 해보는 게 가장 좋은 방법일지도 모른다. "어린 승려가 성인이 되었을 때 이행해야 할 역할은 무엇인가?" 그리고 이 질문은 그 다음 질문으로 이어진다. "승려는 삶에서 어떤 목표와 의미를 가지는 것이 옳은가?" 의미 있는 승려 교육 과정, 즉 승려 양성 과정은 위의 질문에 답할 수 있도록 만들어져야 한다.

스리랑카 출가자들의 사원 생활을 전반적으로 살펴보면 몇 가지 눈에 띄는 경우를 제외하고 승려 수련은 안타까울 정도로 부족하다는 것을 알 수 있다. 이것은 승려라는 특수한 직분에 대해 명확한 개념을 밝혀놓지 않았기 때문이다. 물론 인구의 약 70퍼센트가 불자인 나라에서 승려들이 대중의 종교적인 욕구를 채워줘야 한다는 것은 인정한다. 하지만 그렇다고 해서 부처님이 승가에 가르쳐준 훌륭한 마음의 수련 체계를 완전히 무시해도 되는가 하는 문제는 자문해 봐야 한다. 승가가 해탈로 가는 수행의 길을 다음 생 언젠가로 미루고 의례의식 전문가와 전통문화의 보존 계승자의 집단이 되는 것을 부처님이 의도했던 바라고 말할 수 있을까? 승려 수련의 목표에 대한 제대로 된 개념을 가지려면, 오늘날 승가를 다스리는 제도화된 사회적인 규범, 틀에 박힌 규범을 깨고 부처님이 직접 전해준 출가의 개념을 되찾아야 한다. 수많은 불교 경전에서 이 개념을 뽑아내고, 새로 생명력을 불어넣어, 승려라는 직분의 진정한 뜻이 무엇인가를 승려의 심안心

眼에 제시해 주어야한다.

  승려 수련은 이 이상을 실현하는 방향으로 나아가야
한다. 이 일의 세부 사항을 정하는 데에는 세심하고도 이
성적인 사고가 필요하다. 이 글에서는 개략적인 총론만을
제시할 수 있다. 먼저, 다른 모든 것에 우선하는 총론은
승려라는 길의 주된 목표는 부처님이 가르친 대로 개인적
인 향상과 영적인 변화를 이루는 것이라는 점을 인지하는
것이다. 향상은 고苦로부터 최종적인 해방인 열반을 향한
향상을 뜻하고, 변화는 팔정도라는 명쾌히 밝혀놓은 길
을 하나하나 밟아나가며 이루는 변화를 의미한다. 하지만
승려 생활의 목표를 이렇게 적나라하게 표현하면, 수련을
갓 시작한 젊은 승려는 이 표현이 너무 추상적이고, 일상
생활과 동떨어진 것으로 느껴져 받아들이기 어려울지도
모른다. 그래서 좀 더 직접적이고 구체적인 말로 표현해
보겠다. 승려 인생의 목표는 다음과 같다. 마음을 수련하
고, 정화하고, 탐욕, 진에, 치암으로부터 해방을 얻을 수
있는 방향으로 마음을 잡는 것이다. 이욕, 자애, 연민, 지
혜의 청정 미덕을 마음에 심기 위해 노력하고, 이런 염원
을 다른 사람과 함께하는 것이다. 이 목표를 어떻게 표현

하느냐는 부차적인 문제이다. 승려의 인생을 이끌어 주는 목표가 영적 성장과 자기 변화라는 점을 명확하게 인지하는 것이 무엇보다 중요하고, 그 밖의 다른 모든 측면은 이 목표에 포함시켜야 한다.

이 제안을 따르려면 승가는 소홀히 했던 수련 항목인 명상 수행에 집중해야 한다. 평정심과 통찰을 체계적으로 개발하는 명상은 본래 출가 생활에 활력을 불어넣는 근원이었다. 하지만 오늘날 승려 대부분에게 명상은 법문이나 연구 집회에서 거론되는 단어, 매일 진행하는 예불 의식 중에 끼워 넣은 10분의 침묵 정도에 지나지 않는다. 내가 보기에, 명상이 중심이 되지 않는 승려 생활은 출가의 본분을 망각한 그림자에 불과하며 깨달은 이, 부처님이 승가에 부여한 임무를 회피하는 것이다.

물론 이렇게 말한다고 해서 모든 출가자들이 평생 명상만 하며 살 수 없다는 것은 알고 있으며, 모든 승려들이 그런 삶을 살아야 한다고 주장하는 것은 아니다. 실지로 소수의 승려만이 전적으로 명상에 인생을 바치고 거기에서 행복을 찾을 수 있다. 게다가 승가는 오랜 시간 동안 다양한 능력과 기질을 가진 구성원들을 유연하게 수용해왔다. 승가에도 관리자, 학자, 지도 교사, 법사, 사회복지사, 상담자, 의례의식 담당자 등이 모두 필요하며, 사원 교육에는 승려들이 이처럼 다양한 역할(기독교 수도원 전통에서는 '적극적 소명'이라고 부른다)을 할 수 있도록 하는 교육 내용이 포함되어야 한다. 또한 지적인 능력이 있는 승려들은 불법과 인류의 지적 유산을 연결시킬 수 있도록 철학, 심리학, 비교종교학, 역사, 문학, 예술 등과 같은 현대 학문의 각 분야를 접할 수 있어야 한다. 하지만 승려 생활의 본분에 충실하려면 명상 수행을 생활의 주변으로 제쳐놓을 것이 아니라 그 정당한 자리인 생활의 중심이 되도록 복원해야 할 것이다.

하지만 명상 중심의 생활에 불법의 보편적, 사회적인 의미를 통합하지 않는다면 폐쇄적이 되고 정체될 수 있다. 실제로 스리랑카뿐만 아니라(스리랑카에서 유독 심하지만) 상좌부 불교의 역사에서 가장 안타까운 사건 중 하나는 승가가 명상에 전념하는 '산중의 승려'와 명상하지 않는 '도시와 마을의 승려'로 뚜렷이 분리된 것이다. 이렇게 분리되면서 불법이 이 나라와 전 세계적으로 영적인 양식을 제공하는 힘이 되기 위해서 필요한 건전한 균형을 두 집단 모두 잃어버렸다. 한편 산중의 승려들은 사회와 거의 단절되어 살면서 소리 없는 본보기가 되는 것에 그치고 말았다. 결국 이들이 명상으로 얻은 통찰이나 세련된 도덕적 감각은 인간 사회가 겪고 있는 심오한 윤리적, 영적인 난제를 해결하는 데 전혀 도움을 주지 못하게 되었다. 또 한편으로 불교의 사회, 공동체에서의 책임은 비교적 활발하게 활동하는 도시와 마을의 승려들이 맡게 되었지만, 이들의 역할은 사회적, 민족적 특유성을 지키는 데 그치는 경우가 많았다.

오늘날 스리랑카의 불교뿐만 아니라 승가 또한 갈림길에 서 있다. 그리고 승가가 어느 방향을 택하느냐에 따라서 사아사나의 미래 운명이 결정될 것이다. 우리는 특별하고도 전례 없는 도전에 직면해 있다. 이에 대해서는 불법의 폭넓고 깊은 관점에 입각한 지혜로운 대응이 필요하다. 과거의 공식을 기계적으로 반복하는 것은 아무 소용이 없다. 승가가 이미 수립된 불합리한 체제를 생각 없이 계속 고집하고, 내적 비판을 통해 새롭게 변화하는 작업을 빠르게 시작하지 않는다면 승가를 구제할 수 없을뿐더러 스리랑카 불교의 의의 또한 소멸할 것이다. 또한 불교에 관심이 있는 일반 신자들과 세계 모든 공동체가 보기에 스리랑카 불교는 기존의 특권을 붙잡으려고 애쓰는 낡아빠진 기관에 지나지 않을 것이다. 오늘날 인류의 머리 위에는 도덕적, 영적인 혼란의 구름이 덮여 있고, 그 구름은 점점 더 어두워지고 짙어지고 있다. 승가 그리고 불교의 진정한 임무는 부처님의 무한한 지혜와 자비로 이 혼란의 먹구름을 걷어내는 것이다. 하지만 승가가 이 난관에 맞서 일어서려면 출가자를 받아들여 가르치고, 수행하는 체계를 획기적으로 변화시켜야 한다. 어려운 일인 것은 분명하지만, 반드시 맞닥뜨려야 할 일이라는 것 또한 자명하다.

━━━ 저자 소개

비구 보디 Bhikkhu Bodhi (1944~   )

보디 스님은 미국 뉴욕 출생으로 클레어몬트 대학원에서 철학 박사학위를 받았으며 그 후 스리랑카로 가서 불교교단에 들었다. 유명한 학승 발랑고다 아난다 마이뜨레야 스님 밑에서 빠알리어와 불법을 공부한 후, 1972년에 사미계를 받고 다음해에 비구계를 받았다. 그는 주요 경전 네 권과 그 주석서들의 번역을 포함한 상좌부 불교에 관한 많은 글을 썼다. 1984년부터 2002년까지 불자출판협회BPS의 편집을 책임졌고, 1988년부터는 회장직을 맡았으며 지금은 명예회장으로 있다.

〈고요한소리〉에서 번역, 출간된 저작으로는 보리수잎·열아홉 《자유의 맛 *The Taste of Freedom*》, 법륜·열 《보시*DĀNA- The Practice of Giving*》, 법륜·열여덟 《팔정도*The Noble Eightfold Path*》 등이 있다.

───── 〈고요한소리〉는

◦ 붓다의 불교, 붓다 당신의 불교를 발굴, 궁구, 실천, 선양하는 것을 목적으로 설립되었습니다.

◦ 〈고요한소리〉 회주 활성스님의 법문을 '소리' 문고로 엮어 발행하고 있습니다.

◦ 1987년 창립 이래 스리랑카의 불자출판협회BPS에서 간행한 훌륭한 불서 및 논문들을 국내에 번역 소개하고 있습니다.

◦ 이 작은 책자는 근본불교를 중심으로 불교철학·심리학·수행법 등 실생활과 연관된 다양한 분야의 문제를 다루는 연간물連刊物입니다. 이 책들은 실천불교의 진수로서, 불법을 가깝게 하려는 분이나 좀 더 깊이 수행해보고자 하는 분에게 많은 도움이 될 것입니다.

◦ 이 책의 출판 비용은 뜻을 같이하는 회원들이 보내주시는 회비로 충당되며, 판매 비용은 전액 빠알리 경전의 역경과 그 준비 사업을 위한 기금으로 적립됩니다. 출판 비용과 기금 조성에 도움 주신 회원님들께 감사드리며 〈고요한소리〉 모임에 새로이 동참하실 회원을 기다리고 있습니다.

◦ 〈고요한소리〉 책은 고요한소리 유튜브(https://www.youtube.com/c/고요한소리)와 리디북스RIDIBOOKS를 통해 들으실 수 있습니다.

◦ 〈고요한소리〉 회원으로 가입하시려면, 이름, 전화번호, 우편물 받을 주소, e-mail 주소를 〈고요한소리〉 서울 사무실에 알려주십시오. (전화: 02-739-6328, 02-725-3408)

◦ 회원에게는 〈고요한소리〉에서 출간하는 도서를 보내드리고, 법회나 모임·행사 등 활동 소식을 전해드립니다.

∘ 회비, 후원금, 책값 등을 보내실 계좌는 아래와 같습니다.

국민은행	006-01-0689-346
우리은행	004-007718-01-001
농협	032-01-175056
우체국	010579-01-002831
예금주	**(사)고요한소리**

—— 마음을 맑게 하는 〈고요한소리〉 도서

금구의 말씀 시리즈

| 하나 | 염신경念身經 |

소리 시리즈

하나	지식과 지혜
둘	소리 빗질, 마음 빗질
셋	불교의 시작과 끝, 사성제 – 四聖諦의 짜임새
넷	지금·여기 챙기기
다섯	연기법으로 짓는 복 농사
여섯	참선과 중도
일곱	참선과 팔정도
여덟	중도, 이 시대의 길
아홉	오계와 팔정도
열	과학과 불법의 융합
열하나	부처님 생애 이야기
열둘	진·선·미와 탐·진·치
열셋	우리 시대의 삼보三寶
열넷	시간관과 현대의 고苦 - 시간관이 다르면 고苦의 질도 다르다
열다섯	담마와 아비담마 – 종교 얘기를 곁들여서
열여섯	인도 여행으로 본 계·정·혜
열일곱	일상생활과 불교공부

열여덟	의意를 가진 존재, 사람 - 불교의 인간관
열아홉	바른 견해란 무엇인가 - 정견正見
스물	활성 스님, 이 시대 불교를 말하다
스물하나	빠알리 경, 우리의 의지처
스물둘	윤회고輪廻苦를 벗는 길 - 어느 49재 법문
스물셋	윤리와 도덕 / 코로나 사태를 어떻게 볼 것인가
스물넷	산냐[想]에서 빤냐般若로 - 범부의 세계에서 지혜의 세계로
스물다섯	상카아라行와 담마法 - 부처님 가르침의 두 축
스물여섯	팔정도八正道 다시 보기

법륜 시리즈

하나	부처님, 그분 - 생애와 가르침
둘	구도의 마음, 자유 - 까알라아마경
셋	다르마빨라 - 불교중흥의 기수
넷	존재의 세 가지 속성 - 삼법인(무상·고·무아)
다섯	한 발은 풍진 속에 둔 채 - 현대인을 위한 불교의 가르침
여섯	옛 이야기 - 빠알리 주석서에서 모음
일곱	마음, 과연 무엇인가 - 불교의 심리학적 측면
여덟	자비관
아홉	다섯 가지 장애와 그 극복 방법
열	보시
열하나	죽음은 두려운 것인가
열둘	염수경 - 상응부 느낌편

열셋	우리는 어떤 과정을 통하여 다시 태어나는가 - 재생에 대한 아비담마적 해석
열넷	사아리뿟따 이야기
열다섯	불교의 초석, 사성제
열여섯	칠각지
열일곱	불교 - 과학시대의 종교
열여덟	팔정도
열아홉	마아라의 편지
스물	생태위기 - 그 해법에 대한 불교적 모색
스물하나	미래를 직시하며
스물둘	연기緣起
스물셋	불교와 기독교 - 긍정적 접근
스물넷	마음챙김의 힘

보리수잎 시리즈

하나	영원한 올챙이
둘	마음 길들이기
셋	세상에 무거운 짐, 삼독심
넷	새 시대인가, 말세인가 / 인과와 도덕적 책임
다섯	거룩한 마음가짐 - 사무량심
여섯	불교의 명상
일곱	미래의 종교, 불교
여덟	불교 이해의 정正과 사邪
아홉	관법 수행의 첫 걸음

열	업에서 헤어나는 길
열하나	띳사 스님과의 대화
열둘	어린이들에게 불교를 어떻게 가르칠 것인가 (절판)
열셋	불교와 과학 / 불교의 매력
열넷	물소를 닮는 마음
열다섯	참 고향은 어디인가
열여섯	무아의 명상
열일곱	수행자의 길
열여덟	현대인과 불교명상
열아홉	자유의 맛
스물	삶을 대하는 태도들
스물하나	업과 윤회
스물둘	성지 순례의 길에서
스물셋	두려움과 슬픔을 느낄 때
스물넷	정근精勤
스물다섯	큰 합리주의
스물여섯	오계와 현대사회
스물일곱	경전에 나오는 비유담 몇 토막
스물여덟	불교 이해의 첫 걸음 / 불교와 대중
스물아홉	이 시대의 중도
서른	고苦에 어떻게 대응할 것인가
서른하나	빈 강변에서 홀로 부처를 만나다
서른둘	병상의 당신에게 감로수를 드립니다
서른셋	해탈의 이정표

서른넷	명상의 열매 / 마음챙김과 알아차림
서른다섯	불자의 참모습
서른여섯	사후세계의 갈림길
서른일곱	왜 불교인가
서른여덟	참된 길동무
서른아홉	스스로 만든 감옥
마흔	행선의 효험
마흔하나	동서양의 윤회관
마흔둘	부처님이 세운 법의 도시 - 밀린다왕문경 제5장
마흔셋	슬픔의 뒤안길에서 만나는 기쁨
마흔넷	출가의 길
마흔다섯	불교와 합리주의
마흔여섯	학문의 세계와 윤회
마흔일곱	부처님의 실용적 가르침
마흔여덟	법의 도전 / 재가불자를 위한 이정표
마흔아홉	원숭이 덫 이야기
쉰	불제자의 칠보七寶

붓다의 고귀한 길 따라 시리즈

하나	불법의 대들보, 마음챙김 *sati*

단행본

하나	붓다의 말씀
둘	붓다의 일생

This translation was possible
by the courtesy of the Buddhist Publication Society
54, Sangharaja Mawatha P.O. BOX61
Kandy, SriLanka

법륜 · 스물하나

미래를 직시하며
불교의 사회적 역할에 관한 소고 네 편

초판   1쇄 발행 2016년 7월 20일
1판   3쇄 발행 2023년 4월 15일

지은이   비구 보디
엮은이   우광희
펴낸이   하주락·변영섭
펴낸곳   (사)고요한소리
제작   도서출판 씨아이알 02-2275-8603

등록번호 제1-879호 1989. 2. 18.
주소   서울시 종로구 인사동길 47-5 (우 03145)
연락처   전화 02-739-6328 팩스 02-723-9804
        부산지부 051-513-6650 대구지부 053-755-6035
        대전지부 042-488-1689
홈페이지   www.calmvoice.org
이메일   calmvs@hanmail.net
ISBN   978-89-85186-84-1

        값 1,000원